BIENVENIDO A BERLÍN

Llegar a Berlín 3
No puedes perderte 4
Nuestros favoritos 6
Berlín en 3 días 8

La Fernsehtrum de Berlín, diseñada por Hermann Henselmann.
SeanPavonePhoto/Getty Images Plus

Llegar a Berlín

En avión

www.ber.berlin-airport.de

Desde Berlin-Brandeburg (BER)

El aeropuerto Berlin-Brandenburg Willy-Brandt está comunicado con Berlín por tren exprés, tren regional, autobús y taxi. La estación del aeropuerto se encuentra **debajo** de la terminal T1, en el nivel U2.
FEX (tren exprés) - El tren más rápido a la estación central de Berlín (Hauptbahnhof). Para en Ostkreuz y Gesundbrunnen. Salidas cada 30 min.
S9 (tren regional) - Sale de las vías 5 o 6 cada 20 min. Paradas principales: Ostbahnhof, Alexanderplatz, Friedrichstraße, Hautptbahnhof, Zoologischer Garten, Charlottenburg.
S45 (tren regional) - Cada 20 min, para en los distritos del sur de Berlín (paradas en Neukölln, Hermannstraße, Tempelhof; estación Südkreuz).
X7 o **X71** (autobús exprés) - Conecta en 16 min la terminal 1-2 del aeropuerto con la estación de metro de Rudow, línea U7, que da servicio a Neukölln, Mehringdamm, Eisenacher Straße y Charlottenburg, entre otros. Salidas cada 5/10 min desde la parada A6-7, situada frente al vestíbulo de llegadas de la T1.
Los **billetes** se compran en las máquinas expendedoras amarillas. La tarifa aquí es ABC: 4,40 € (15 € por cuatro billetes). No se aceptan algunas tarjetas de crédito. Los billetes son válidos durante 2 h y deben marcarse en las máquinas rojas. Horarios en www.ber.berlin-airport.de (pestaña *Current Connections o* Live-Verbindungen).
Taxi - Viaje de unos 40 min (50/60 €). Estación frente a la terminal T1, nivel E0.

Del aeropuerto a Potsdam

Un autobús directo **BER2** une el aeropuerto con la estación de Potsdam (Potsdam Hbf) en 55 min. Parten dieciséis autobuses al día de la parada A2. Tarifa: 10 €. Este billete solo puede comprarse a bordo del autobús. www.angerbus.de

En tren

La estación central **(Hauptbahnhof)** está en el centro geográfico de la ciudad, conectada con las líneas de **S-Bahn** S3, S5, S7, S9 y S75 y el metro U5. www.bahnhof.de *mapa de transportes detrás del mapa extraíble.*

Transportes especiales

Horarios: de lu. a ju. de 4:00 a 0:30 h; vi. a do. todo el día (excepto U4 y algunas líneas de S-Bahn). Autobús, tranvía y trenes nocturnos S-Bahn: de 0:30 a 16:30 h.
Paquete más interesante:
Tageskarte (1 día) - Válida en U-Bahn (metro), S-Bahn (ferrocarril suburbano), autobús y tranvía (zonas AB) - 9,90 €.
Berlin WelcomeCard - Válida en U-Bahn (metro), S-Bahn (RER), autobús y tranvía (zonas AB) - 48 h (26 €), 72 h (36 €), 5 días (49 €).

Ciclistas por la ribera del Spree.
Jon Arnold Images/hemis.fr

No puedes perderte

Los lugares más bonitos elegidos para ti

★★★ Charlottenburg
Mapa A2-4 - pág. 96

★★ Reichstag
Mapa E3-4 - pág. 14

★★ Puerta de Brandeburgo
Mapa F4 - pág. 19

★★ Landwehrkanal
Mapa GH6 - pág. 66

★★★ Zoologischer Garten
Mapa C5 - pág. 87

★★★ **Gemäldegalerie**
Mapa E5 - pág. 80

★★ **East Side Gallery**
Fuera de Mapa por H4 - pág. 56

★★★ **Museumsinsel**
Mapa F-G 3 - pág. 29

★★★ **Jüdisches Museum**
Mapa F-G 6 - pág. 64

★★ **Gendarmenmarkt**
Mapa F4 - pág. 58

Nuestros favoritos

❤ **Descubre el significado de la palabra «Frühstück»** en uno de los acogedores cafés por los que es famoso Prenzlauer Berg. Entre Kollwitzplatz, Helmholtplatz y Oderberger Straße, se ha reinventado el arte del *brunch* hasta las 16:00 h. Fresco, agradable y creativo. *pág. 114*.

❤ **Visita la ciudad sobre ruedas**. Como la bicicleta es la mejor forma de moverse por la ciudad, hay bicicletas de alquiler en casi todas partes, ¡y numerosos carriles bici! *pág. 146*.

B. Gardel/hemis.fr

El Strandbar, frente al Museo Bode.

❤ **Okupar un aeropuerto.** Antes, si querías alejarte de todo, tenías el inmenso Tiergarten y el bosque de Grunewald. Ahora está la pista de Tempelhof: 355 ha de libertad donde disfrutar del kitesurf, el monopatín y la naturaleza bajo un cielo inabarcable. *pág. 72*.

❤ **Sumérgete en la vida nocturna de Berlín**. Friedrichshain no es solo un barrio festivo y relajado donde acuden los adictos a la tecnología. También es la meca de la escena alternativa. ¿Sus dos imprescindibles? Yaam y Holzmarkt 25. *págs. 131-132*.

❤ **Eslalon a través de los puestos de Maybachufer.** Los ma. y vi., las orillas del Landwehrkanal se transforman en un mercado «biooriental», con especias y músicos callejeros. Abarrotado, pero con un ambiente único. *pág. 74*.

❤ **Soñar frente a los paisajes de los románticos alemanes.** Los museos de Berlín albergan tesoros únicos. Tal es el caso de las magnéticas obras del pintor Caspar David Friedrich reunidas en la tercera planta de la Alte Nationalgalerie. *pág. 31*.

❤ **Nadar en el Badeschiff.** Berlín tiene treinta y siete piscinas, pero ninguna como la piscina flotante amarrada en el Spree, en la confluencia de Kreuzberg, Treptow y Friedrichshain. *pág. 71*.

J. Held/Prisma/age fotostock

La piscina flotante Badeschiff, de Felipe Artengo, Fernando Menis y Jose Mª Rodriguez-Pastrana, en el Spree.

Ir sobre las pistas de Good Bye, Lenin! La película de Wolfgang Becker se rodó en parte en Berolinastraße, detrás de Alexanderplatz. Pero la mejor dirección para cultivar tu «Ostalgie» es «Alltag in der DDR», donde podrás escuchar las canciones de los pioneros. *pág. 52.*

Visita la casa de los reyes de Prusia. A solo 33 min de la estación de Zoologischer-Garten, el S-Bahn te lleva a las puertas de Potsdam, donde los reyes prusianos tenían sus castillos de recreo, su pagoda china, su barrio holandés y su colonia rusa. Este conjunto arquitectónico es Patrimonio de la Humanidad. *pág. 103.*

Alcanza las alturas. Para contemplar todo Berlín de un vistazo, no hay mejor lugar que la Fernsehturm, la torre de televisión de 368 m, pero hay que pagar para acceder a ella. La cúpula futurista del Reichstag, en cambio, es gratuita y ofrece además una panorámica de 360°. La subida al anochecer es aún más mágica. *pág. 14 y pág. 44.*

Berlín en 3 días

La capital alemana es tan vasta que una visita de 3 días solo te permitirá vislumbrarla. En lugar de verlo todo con prisas, concéntrate en el centro histórico y elige entre los distintos museos. Volverás.

Día 1

Por la mañana

Empieza en lugar más famoso de Berlín, la **Puerta de Brandeburgo★★** *(pág. 19)*. Desde aquí, solo hay que dar un corto paseo hasta la **Reichstag★★** *(pág. 14)* al norte (acceso con reserva) y el nuevo distrito construido alrededor del Spree. Vuelve a la Puerta de Brandemburgo para recorrer la avenida **Unter den Linden★★** *(pág. 22)*: te llevará directamente al **Museo de Historia Alemana★★** *(pág.*25).

Andrey Danilovich/Getty Images Plus

Hackesche Höfe, en Scheunenviertel.

Por la tarde

Dedícala a la **Isla de los Museos★★★** *(pág. 29)*, declarada Patrimonio de la Humanidad por la UNESCO. Sus cuatro museos están abiertos en la actualidad (el Pergamonmuseum está en obras hasta 2027) y cierran a las 20:00 h los días laborables de julio y agosto, lo que deja tiempo de sobra para visitar al menos tres de ellos.
¿Prefieres tomar el sol? Regálate un minicrucero por el río Spree: hay varios embarcaderos cerca del **Museo de la RDA★** y la **catedral de Berlín★** *(pág. 34)*.

Por la noche

¿Está despejado? Dirígete a **Alexanderplatz★** *(pág. 43)* y a la **Torre de la Televisión★** *(pág. 44)*, que ofrece una vista panorámica de la capital hasta las 23:00 h. Pasea y cena en el barrio de Scheunenviertel, alrededor de Hackescher Markt.

Día 2

Por la mañana

Al salir de la estación de metro de Stadtmitte, pasea por el **Gendarmenmarkt★★** *(pág. 58)* luego toma la U6 hasta la estación de Kochstraße, donde se encuentra el **Checkpoint Charlie★** *(pág. 61)*, antiguo paso fronterizo entre el Este y el Oeste. Para en el café del importante **Museo Judío★★★** (a 10 min a pie, *pág. 64*) o realiza un picnic a orillas del Landwehrkanal.

▶ Por la tarde

¿Quieres saborear la «pequeña Estambul»? Dirígete a Kottbusser Tor y Maybachufer, donde todos los ma. y vi. se celebra el mercado turco *(pág. 74)*. Desde allí, toma el tren a **Kreuzkölln** *(pág. 74)* el nuevo barrio de moda. Desde Kottbusser Tor, toma la línea U1 hasta Schlesisches Tor y cruza el río: al final del puente **Oberbaumbrücke★**, *(pág. 57)* se encuentra el tramo más largo y mejor conservado del Muro de Berlín, el **East Side Gallery★★** *(pág 56)*.

▶ Por la noche

Cena en la Simon-Dach-Straße antes de sumergirte en la vida nocturna de **Friedrichshain** *(pág. 54)*. Vuelve al centro por **Karl-Marx-Allee★** *(pág 54)*.

Día 3

▶ Por la mañana

Vuelve a la Puerta de Brandemburgo para explorar el lado oeste del centro histórico. Acércate al **Memorial del Holocausto★★** *(pág. 20)* y camina por la Ebertstraße hasta la moderna **Potsdamer Platz★★** *(pág.75)* para disfrutar de las vistas desde el Panoramapunkt y almorzar sobre la marcha.

¿Y si te quedas 4 días?

Entonces podrás visitar el castillo barroco de **Charlottenburg★★** *(pág 96)* o el más rococó **Sans-Souci★★★**, residencia de los reyes prusianos en **Potsdam★★★** *(pág 104)*. Para rematar el día, hay mucho donde elegir: un concierto en la **Philharmonie★★** *(pág.83)*, una noche de *reggae* en el Yaam *(pág. 131)*, una cena en el encantador barrio de **Prenzlauer Berg★★** *(pág. 50)*, etc.

▶ Por la tarde

Visita la **Pinacoteca★★** *(pág. 80)* o la **Nueva Galería Nacional★★** *(pág. 83)* en el **Kulturforum★★** y toma el autobús M29 por la orilla del **Landwehrkanal**, paseando por el barrio de las embajadas **Diplomatenviertel** *(pág. 84)*. Pasarás junto al KaDeWe (merece la pena visitar la sección de charcutería) y la **Iglesia Memorial** *(pág. 92)*, antes de dar un paseo por la famosa avenida **Ku'damm** para ir de compras. Otra opción es descansar en el enorme parque **Tiergarten★** (a 5 min a pie del Kulturforum, *pág. 87*), bajo los altos árboles, o en el Biergarten, a orillas del lago Neuer See *(pág. 122)*.

▶ Por la noche

Pasea por la encantadora Fasanenstraße antes de cenar en la **Savignyplatz★** *(pág. 95)* para saborear la «dolce vita» de Berlín Occidental.

VISITAR BERLÍN

Berlín hoy 12
Reichstag y el barrio gubernamental★★ 14
Puerta de Brandeburgo★★ 19
Unter den Linden★★ 22
Museumsinsel★★ 29
Scheunenviertel★★ 36
Alexanderplatz★ y Nikolaiviertel 43
Prenzlauer Berg★★ 50
Friedrichshain 54
Gendarmenmarkt★★ 58
Alrededores del Checkpoint Charlie★ 61
Kreuzberg★★ 65
Tempelhof y Neukölln 72
Potsdamer Platz★★ 75
Kulturforum★★ 80
Diplomatenviertel 84
Tiergarten★ 87
Kurfürstendamm★★ 91
Charlottenburg★★★ 96
Dahlem★ 101
Potsdam★★★ 103
Grandes lagos★★ 107

Berlín desde el Tiergarten.
bluejayphoto/Getty Images Plus

Berlín hoy

Uno llega a Berlín buscando las cicatrices de los bombardeos de la Segunda Guerra Mundial, las huellas de la antigua división entre Berlín Occidental y Oriental, un tramo del famoso Muro... Pero desde el tren que une el aeropuerto con el centro de la ciudad, las primeras imágenes son muy diferentes: anchas avenidas arboladas, frondosos parques verdes y barrios aireados. El tráfico fluye sin problema; ciclistas, peatones y carritos de bebé circulan en armonía. El transporte público es fiable, limpio y rápido, y te lleva de un barrio a otro con eficacia. No se siente el estrés de otras megalópolis, como Londres, Nueva York o París. Y esta es quizá la mayor sorpresa para quienes la visitan por primera vez: Berlín, símbolo de la Guerra Fría, inmensa obra en construcción, capital de la Alemania reunificada, es ante todo una capital del arte de vivir.

Pasar un fin de semana en Berlín es, por supuesto, encontrarse con la Historia con mayúsculas y sus trágicas convulsiones. En el panteón de la historia del siglo XX, la ciudad alemana ocupa un lugar especial, el de ciudad pivote donde cristalizó el destino del mundo occidental. Pero pasar un fin de semana en Berlín es también sentirse animado por una inmensa energía, la de una ciudad deseosa de recuperar el tiempo perdido y volver a hacer honor a su papel de capital de Alemania. Bastan unos días para comprender esta realidad. Te recomendamos que pases tus primeras horas en el barrio de **Mitte**, el corazón histórico de la ciudad. Tejido a partir de varios *viertel* (distritos) y *kiez* (microbarrios) con ambientes muy distintos, Mitte conforma un mosaico que te llevará de viaje por el tiempo.

En el extremo oeste se encuentra el **Reichstag**, sede del Parlamento alemán reunificado. Unos pasos más y te encontrarás en la avenida más prestigiosa de la ciudad, **Unter den Linden**. Flanqueada por edificios del siglo XVIII, linda al oeste con la **Puerta de Brandeburgo**, el arco del triunfo construido en 1795 donde tuvo lugar el acto final de la caída del Muro en noviembre de 1989. Cerca se encuentra el **monumento conmemorativo del Holocausto**, como una lección legada a las generaciones futuras. La **Friedrichstraße** está a 10 min a pie. Antaño en el punto de mira del ejército estadounidense apostado en el **Checkpoint Charlie**, ahora ha sido colonizada por *boutiques* que reviven la pintoresca calle comercial de los años veinte. No se puede pedir mejor introducción a la ciudad que este extraordinario paseo, concentrado en un espacio relativamente pequeño.

En Berlín nunca hay que dudar en deambular, en explorar, en dejarse llevar. A la vez inmensa obra en construcción y museo de historia al aire libre, Berlín combina los vestigios de su pasado prusiano con los flamantes edificios de la reconstrucción. Estos últimos son especialmente altos y orgullosos en la **Potsdamer Platz**, donde la flor y nata de la arquitectura mundial ha construido centros comerciales y rascacielos del siglo XXI en la antigua «tierra de nadie» heredada de la Guerra Fría. Al oeste, las multitudes acuden a **Kurfürstendamm**, la famosa avenida comercial que, junto con el elegante barrio de **Charlottenburg**, formaba el centro del antiguo Berlín Occidental. Aquí podrás disfrutar del mayor espacio verde de la ciudad, el **Tiergarten**, que se extiende hasta la Puerta de Brandeburgo. La **Isla de los Museos**, entre dos brazos del Spree, es una zona asombrosamente rica y de visita obligada: sus prestigiosos museos, actualmente en proceso de reorganización, formarán pronto, junto con el **Humboldt Forum**, uno de los complejos museísticos más ricos del mundo.

Se necesitaría más de una vida para descubrir los tesoros de todos los museos de Berlín, repartidos por toda la ciudad. Fuera de la Isla de los Museos, no faltan lugares que visitar: la Pinacoteca, el Museo de artes decorativas y la Nueva Galería Nacional en el **Kulturforum**, el **Museo judío** en la calle Lindenstraße, el Museo de las culturas europeas en **Dahlem** (situado en los distritos occidentales del Gran Berlín, etc.).

Al final, tu mayor preocupación durante el fin de semana será elegir. ¡Y acostarte! Porque Berlín también se disfruta de noche. Es la ciudad de los conciertos y los espectáculos, de la música docta y el teatro comprometido, de las fiestas y el *techno*, de las galerías de arte y las residencias de artistas. La vanguardia vuelve a sentirse como en casa en **Kreuzberg**, por supuesto (el barrio «alternativo» en tiempos del Berlín Occidental), también en el norte de **Neukölln**, y en dos de los antiguos distritos del Berlín Oriental, **Prenzlauer Berg** y parte de **Friedrichshain**.

Congelados por la Guerra Fría e ignorados por las autoridades de Alemania Oriental, que invirtieron en **Alexanderplatz** y **Nikolaiviertel**, estos dos *viertel* tienen un encanto bohemio propio. La efervescencia creativa posterior a la reunificación se ha apagado un poco, pero las casas ocupadas y los bares clandestinos que quedan conservan una auténtica energía. Cafés, restaurantes, mercados y tiendas ofrecen un estilo de vida apacible, convirtiéndose en el cuartel general de los *hipsters*.

Friedrichshain también alberga la sección más larga del antiguo Muro, la **East Side Gallery**, que fue entregada a los artistas tras la reunificación y renovada en 2009.

El arte de vivir después de la guerra es uno de los símbolos fuertes que nos ha legado Berlín. La capital alemana no tiene el encanto romántico de otras ciudades de su entorno. Sus admiradores dicen que no lo necesita. Ahora te toca a ti descubrirla...

La división administrativa de Berlín

Desde 2001, la ciudad-estado —con 3,878 millones de habitantes— está dividida en doce distritos o *bezirk* y noventa y seis barrios u *orttseil*. El *bezirk* suele llevar el nombre de su subdivisión más céntrica, como Mitte.

Reichstag y el barrio gubernamental★★

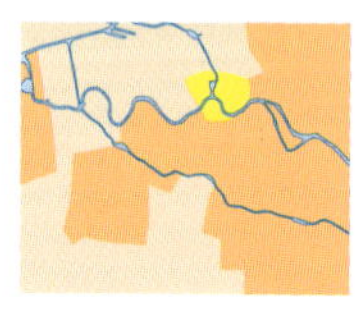

A finales de los años 90, miles de funcionarios y camiones llenos de archivos abandonaron Bonn, la capital de la RFA, para instalarse en Berlín, la capital de la Alemania reunificada, en un flamante barrio gubernamental, con sus atrevidos y fascinantes edificios de cristal y hormigón en un meandro del Spree. Uno de ellos se ha convertido en un gran atractivo turístico: el antiguo Reichstag, rematado por una cúpula transparente casi futurista, que se ilumina en cuanto cae la noche.

▶**Cómo llegar:** S 1, 2, 25 Brandenburger Tor U 5 Bundestag, Brandenburger Tor, Hauptbahnhof U 6 Naturkundemuseum Tram M85 BUS 100 Platz der Republik, Reichstag.

Plano del barrio págs. 26-27. Mapa extraíble E3-4, F3-4.

▶**Consejo:** por motivos de seguridad, el Reichstag solo puede visitarse con cita previa, a través de la página web. Es mejor reservar con mucha antelación. Alternativas: prueba suerte en la taquilla de Scheidemannstr o reserva mesa en el restaurante con vistas al Reichstag (*«Nuestras direcciones» pág. 110*). Vistas impresionantes garantizadas, sin hacer cola.

Reichstag ★★

E3-4 - Platz der Republik 1 - 030 22732152 o 030 22735908 - www.bundestag.de - ♿ - visita de la cúpula todos los días de 8:30 a 0:00 h (último pase a las 21:45 h) - cerrado 24 y 31 de diciembre - gratis (incluida la audioguía) - reservar previamente en internet (mínimo 3 días de antelación) o en taquilla «Anmeldung Kuppel» situada en Scheidemannstraße - documento de identidad obligatorio.

En 1871, cuando Berlín se convirtió en la capital del Imperio Alemán (Reich), no había en la ciudad ningún edificio lo suficientemente grande para albergar la «Asamblea del Reich» (Reichstag). El arquitecto Paul Wallot recibió el encargo de construir un palacio monumental (1894), con torres en las esquinas que simbolizaran los cuatro reinos del Imperio (Baviera, Sajonia, Prusia y Wurtemberg). Dedicado «al pueblo alemán», como recuerda el frontón *(Dem deutschen Volke)*,el Reichstag ha tenido una vida tormentosa: incendiado en 1933 (*cuadro pág. 16*), destruido durante la guerra, acabó solo, abandonado, al borde del Muro. El arquitecto británico Norman Foster no solo lo restauró, sino que lo remató con una cúpula de acero y cristal

El incendio del Reichstag

La noche del 27 al 28 de febrero de 1933, cuatro semanas después del nombramiento de Adolf Hitler como canciller, el Reichstag ardió en llamas. Un comunista holandés, el joven Marinus van der Lubbe, fue detenido en el lugar de los hechos. ¿Actuó solo o recibió órdenes? Y si fue así, ¿de quién? ¿De los nazis? Los dirigentes nacionalsocialistas aprovecharon la situación para agitar el movimiento anticomunista y detener a los opositores al régimen. En un clima de guerra civil, el día 28 hicieron firmar al presidente del Reich, Paul von Hindenburg, el Brandverordnung, que establecía un régimen de excepción... Después, el 23 de marzo de 1933, el Reichstag votó plenos poderes para Hitler acabando así con la República de Weimar. ¿Un libro para conocer un poco más? *Marinus van der Lubbe y el incendio del Reichstag*, de Nico Jassies, publicado por Alikornio, 2009.

de 23 m de alto y 40 m de ancho, símbolo del deseo de transparencia democrática. La cúpula ofrece una impresionante **vista★★** sobre Berlín. En el interior del edificio, que alberga el Parlamento de la República Federal (Bundestag), dos escaleras de caracol serpentean alrededor de un cono invertido adornado con 360 espejos. Este embudo, que se extiende hasta el hemiciclo donde se sientan los 735 diputados, no es solo un formidable pozo de luz: también oculta un sistema de recuperación y redistribución del calor por todo el edificio. Todo el distrito parlamentario es también ecorresponsable: paneles fotovoltaicos en los tejados, generadores de biodiésel, etc.

Bundeskanzleramt★★

(Cancillería federal)

E3 *Willy-Brandt-Str. 1.*

Nunca un proyecto arquitectónico había sido tan denostado. Tal vez porque el arquitecto no era otro que el canciller Helmut Kohl, y porque había mucho en juego: ¡encarnar la República de Berlín! Sin embargo, la cancillería, diseñada por los arquitectos Axel Schultes y Charlotte Frank, es fiel reflejo de un Estado democrático, poderoso y desinhibido. Renovada a bombo y platillo por Gerhard Schröder en 2001, consta de un cubo central (la famosa «lavadora») de 36 m de altura, flanqueado por dos largas alas. Además de las salas de reuniones del gabinete, alberga los despachos del canciller y sus departamentos en la última planta.

Band des Bundes★

(Cinta de la Federación)

E-F3 Es difícil imaginar una metamorfosis tan drástica del paisaje urbano. En menos de una década, en un vasto descampado a la sombra del Muro, ha surgido un distrito en el que se concentran las principales estructuras federales. Esta aventura arquitectónica comenzó en 1993, cuando se convocó un concurso internacional para el desarrollo del **Codo del Spree**. De las 835 propuestas surgió la Band des Bundes («Cinta de la Federación»), diseñada por los arquitectos berlineses Alex Schultes y Charlotte Frank, que reinventa el plano de la ciudad en este sector dándole un eje este-oeste. Esta «cinta», de 1 km de largo y 100 m de ancho, es la expresión espacial de la división de poderes, y se extiende desde el jardín de la cancillería *(Kanzlergarten)* hasta la Marie-Elisabeth-Lüders-Haus. Por tanto, cruza dos veces el Spree.

Paul-Löbe-Haus (Casa de los diputados) **E3** - *Konrad-Adenauer-Str.*
Este impresionante edificio (61000 m²), inaugurado en 2001, se caracteriza por sus volúmenes amplios y abiertos. Símbolo del peso aplastante de la burocracia a ojos de sus detractores, alberga casi 1000 despachos reservados a los diputados y a las distintas comisiones, así como diecinueve salas de deliberación situadas en rotondas transparentes.

Marie-Elisabeth-Lüders-Haus F3 - *Schiffbauerdamm - Mauermahnmal, entrada por la orilla del Spree - www.mauermahnmal.de - de ma. a do. de 11:00 a 17:00 h - gratis.*
El edificio (2003) alberga la **biblioteca-archivo del Bundestag**. Con cerca de 1,4 millones de libros y 11000 publicaciones periódicas, es la tercera biblioteca parlamentaria más grande del mundo, después de las de Washington y Tokio. Las fachadas de cristal y la variedad de formas contrastan con la dureza del hormigón en bruto. En el vestíbulo del edificio, construido junto al Muro, hay una **un memorial** del artista Ben Wargin en memoria de los muertos al intentar cruzar el Muro (**das Mauermahnmal**, el «memorial a las víctimas del Muro»). La **pasarela** que une los dos edificios representa la reunificación de la ciudad dividida.

AL NORTE DEL REICHSTAG

Después de visitar la Collection Boros, descubre los nuevos edificios situados al norte del distrito gubernamental.

Sammlung Boros ★
(Colección Boros)

F3 *Reinhardtstr. 20 - ✆ 030 27594065 - www.sammlung-boros.de - ju. y vi. de 14:00 a 18:30 h, sá. y do. de 10:00 a 19:30 h - 18 € - visita guiada 1:30 h (en alemán o en inglés), reservar con al menos dos meses de antelación a través de xml-ph-0029@deepl.inter.*
En el desconcertante marco de un búnker de 3000 m² que data de 1942 y que adquirió en 2003, el coleccionista **Christian Boros** ha reunido obras de arte contemporáneo que ha ido recopilando a lo largo de los años en todo el mundo. Destaca la alucinante iluminación del famoso artista danés-islandés **Olafur Eliasson**, afincado en Berlín desde 1995.

Hauptbahnhof ★
(Estación central)

E3 *Entre Europaplatz y Washington-Platz.*
Desde la Cancillería federal, la pasarela «Gustav-Heinemann-Brücke» permite llegar a pie a la estación central, construida en el sureste de **Moabit**, que antes de la guerra era un barrio obrero predominantemente comunista y sigue siendo uno de los más desfavorecidos de la capital. La estación, inaugurada en 2006, destaca por su arquitectura de cristal, diseñada por **Meinhard von**

Gerkan, y su tamaño: con 44 000 m² de superficie, cincuenta y cuatro escaleras mecánicas y cinco niveles de vías, es la mayor de Europa. Cada día paran aquí más de 1260 trenes (636 de ellos de S-Bahn).

Futurium

E2 *Alexanderufer 2 - U Hauptbahnhof - 030 408189777 - www.futurium.de - de mi. a lu. de 10:00 a 18:00 h (ju. hasta las 20:00 h) - gratis.*

Construida en 2019 por los arquitectos Richter & Musikowski, la Casa del futuro ofrece una estimulante reflexión sobre el futuro de la humanidad y del planeta... Alimentación, reciclaje, nuevas formas de energía: todos los aspectos se abordan de forma pedagógica a lo largo de 3200 m², con ayuda de la tecnología, la impresión 3D y la realidad virtual. La sección dedicada al hábitat y los materiales del mañana —¡como estas setas transformadas en piel sintética, envases y tabiques!— es, con diferencia, la más fascinante. Bonita vista desde la azotea.

Hamburger Bahnhof ★★

(Estación de Hamburgo - Museo de Arte Contemporáneo)

E2 *Invalidenstr. 50-51 - 030 266424242 - www.smb.museum - de ma. a vi. de 10:00 a 18:00 h, ju. hasta las 20:00 h, fines de semana desde las 11:00 h - 12 €.*

La antigua estación de ferrocarril de Hamburgo, construida en 1845-1847 por el arquitecto Friedrich Neuhaus y abandonada en 1884, no solo es la única estación berlinesa de la época que se conserva, sino también, desde 1996, tras su restauración por **Josef Paul Kleihues**, un museo de 13 000 m² dedicado íntegramente al arte contemporáneo. El vestíbulo principal se utiliza para instalaciones temporales. En los demás espacios (ala oeste, galerías laterales «Rieckhallen»), pueden verse obras de Cy Twombly, Roy Lichtenstein, Anselm Kiefer... **Joseph Beuys** tiene derecho a su propia sala en el H2 (*Das Kapital*, 1977).

Museum für Naturkunde ★

(Museo de Historia Natural)

F2 *Invalidenstr. 43 - 030 20938591 - www.museumfuernaturkunde.berlin - de ma. a vi. de 9:30 a 18:00 h, sá. y do. desde las 10:00 h - 11 € (menores de 15 años 5 €, menores de 6 gratis).*

A los niños les encanta, y te encontrarás con un montón de ellos en los pasillos, fascinados por los restos de un carnívoro que vivió hace 68 millones de años e inspiró la película de Steven Spielberg *Jurasic Park:* el **Tiranosaurus rex** *(sala 4)*. La otra estrella indiscutible del museo es el esqueleto del **Brachiosaurus** en la sala 1, un herbívoro tan alto como un edificio de cuatro plantas y tan pesado como diez elefantes. La sala 9 contiene una alucinante colección de animales conservados en formol, la **Nass-Sammlung★**: 12 km de estanterías con 276 000 frascos. ¡Emoción garantizada!

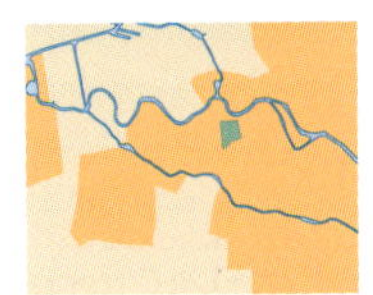

Puerta de Brandeburgo★★

Los nazis orquestaron sus desfiles de antorchas, los soldados del Ejército Rojo enarbolaron sus banderas, las autoridades de la RDA la amurallaron: sin duda, la puerta de Brandeburgo ha sido, durante dos siglos, el testigo privilegiado de la historia alemana. Pero fue sobre todo el 9 de noviembre de 1989, cuando la multitud la tomó por asalto, cuando su imagen dio la vuelta al mundo. Hoy es el símbolo de Berlín y el de la reunificación.

▶ **Cómo llegar:** S 1, 2, 25 Brandenburgo Tor U 5 Brandenburgo Tor BUS 100, 200 y TXL.
Plano del barrio págs. 26-27. Mapa extraíble F4.
▶ **Consejo:** el centro de información del Memorial del Holocausto da la bienvenida desde las 10:00 h a grupos muy numerosos. La suele ser más corta por la tarde.
Nuestras direcciones, pág. 110.

Brandemburger Tor ★★

(Puerta de Brandeburgo)

F4 Erigida (1789-1791) en el emplazamiento de una antigua barrera aduanera por **Carl Gotthard Langhans**, la Puerta de Brandeburgo es la máxima expresión del neoclasicismo en su apogeo. Presenta seis columnas dóricas, inspiradas en los Propileos de la Acrópolis de Atenas, y una imponente **cuadriga**, obra de Johann Gottfried Schadow (1795). Napoleón, tras sus victorias sobre Prusia en Jena y Auerstedt, marchó victorioso por la puerta (1806) y confiscó la cuadriga, que fue enviada de camino a Francia: ¡la Grande Armée se la llevó en su equipaje! En 1814, los prusianos lograron recuperar su tesoro. Dañada durante la Segunda Guerra Mundial, fue reconstruida por las autoridades de la RDA. Pero no fue hasta 1989 cuando la diosa de la Victoria, tras cierta polémica, recuperó su águila y su cruz de hierro. Estos atributos bélicos, diseñados por **Schinkel** (*págs. 155 y 164)* a petición de Federico Guillermo III para celebrar las guerras de liberación contra la ocupación napoleónica, fueron vistos por muchos alemanes como símbolos militaristas inapropiados tras la reunificación de su país.

Pariser Platz ★

(Plaza de París)

F4 Desaparecida bajo las bombas, la Pariser Platz tuvo que ser reconstruida tras la reunificación. El pliego de condiciones era muy preciso: uso de la piedra, zócalo claramente reconocible, equilibrio entre las superficies de los muros y las aberturas. Los edificios gemelos que flanquean la Puerta de Brandeburgo aplican estos principios al pie de la letra. Su arquitecto, **Josef Paul Kleihues** (1933-2004), se ha consagrado como uno de los líderes de esta tipología arquitectónica tan rígida. Pero los demás edificios que bordean la plaza, como el de la **Embajada de de Francia** *(Französische Botschaft, en el n.° 5)* diseñada por Christian de Portzamparc (2003), o la **Academia de Bellas Artes** *(Akademie der Künste, en el n.° 4 - ✆ 030 200571000 - www.adk.de - exposiciones: a diario de 13:00 a 18:00 h - gratis),* que Günter Behnisch equipó con superficies de cristal (2005), se desvían del proyecto original. La creación más interesante de la Pariser Platz es el **DZ Bank★★** *(en el n.° 3, no abierto al público)*. El espectacular diseño de los espacios interiores refleja el poder creativo de su arquitecto, **Frank Gehry**.

Hotel Adlon - *(Unter den Linden 77 esquina a la Pariser Platz)*. Casi un siglo después de su inauguración, este legendario hotel de lujo ha vuelto a su emplazamiento histórico (el Adlon sobrevivió a la guerra hasta que un incendio lo destruyó la noche del 2 al 3 de mayo de 1945; el palacio reabrió sus puertas en 1997).

Comida

¿Tienes hambre cerca de la Puerta de Brandeburgo? ¡Pulsa el botón **Adlon To Go!** Este establecimiento elegante y tranquilo tiene preparados sabrosos bocadillos. *pág. 110.*

Britische Botschaft

(Embajada británica)

F4 *Wilhelmstr. 70-71.*

Michael Wilford diseñó con audacia este edificio, con su fachada de arenisca interrumpida por un tejado de cristal que refleja la luz por la noche. La embajada, inaugurada en 2000 en su antiguo emplazamiento, es el edificio más original de la Wilhelmstraße.

Denkmal für die ermordeten Juden Europas ★★

(Monumento a los judíos asesinados en Europa - Memorial del Holocausto)

F4 *Ebertstr. - ✆ 030 26394336 - www.stiftung-denkmal.de - estelas a diario todo el día - centro de información de octubre a abril de 10:00 a 18:00 h; de mayo a septiembre hasta las 20:00 h; 24, 26 y 31 de diciembre hasta las 16:00 h - última entrada 45 min antes del cierre - lu. cerrado - gratis.*

Este monumento a las víctimas judías de Europa se encuentra a 300 m del búnker de Hitler (cerca de la Voßstraße). El arquitecto estadounidense **Peter Eisenman** construyó un campo de **2711 estelas** de diferentes tamaños. Para llegar al museo bajo tierra, hay que adentrarse en este espeluznante cementerio laberíntico.

El centro de información recorre la política de exterminio nacionalsocialista, presentando los testimonios de las víctimas y el destino de quince familias judías. En el vestíbulo, los visitantes pueden consultar una base de datos con los nombres de las víctimas registrados por el memorial Yad Vashem de Israel.

Unter den Linden★★

En el siglo XVII, Berlín se trazó en torno a un eje central: una larga avenida bordeada de miles de tilos que unía la residencia real (actual Schlossplatz) con el coto de caza (actual Tiergarten). A lo largo de los siglos, Unter den Linden («bajo los tilos») se ha convertido en la avenida más famosa de la ciudad. A pesar de algunas obras en curso, sus prestigiosos palacios, cuidadosamente restaurados por la antigua RDA, siguen ofreciendo un resumen de la historia de Prusia y del Imperio.

▶**Cómo llegar:** S 1, 2, 25 Brandenburger Tor BUS 100, 200 y TXL, U 5 Brandenburger Tor, Unter den Linden, Museumsinsel.

Plano del barrio págs. 26-27. Mapa extraíble F4, G3-4.

▶**Consejo**: los autobuses 100 y 200 atraviesan la avenida en toda su longitud (¡1,4 km!). Aprovecha si te sientes cansado.

Nuestras direcciones, págs. 110, 130.

Russische Botschaft (Embajada de Rusia)

F4 *Unter den Linden 55-65.*

De escala monumental, la embajada (1949-1953) refleja el estilo *Zuckerbäckerstil* típico de la arquitectura estalinista. Su fachada de mármol blanco sobresale de la avenida.

Komische Oper (Ópera Cómica)

F4 *Behrenstr. 55-57 - www.komische-oper-berlin.de - taquilla: Unter den Linden 41 - ✆ 030 47997400.*

Es uno de los tres grandes teatros de ópera de la capital. Originalmente Teatro de Variedades, fue rebautizado como Opéra Comica tras la Segunda Guerra Mundial. El edificio es bastante sorprendente: por fuera, el estilo despojado es característico de la RDA de finales de los 60; por dentro, en cambio, conserva el estilo que le dieron los arquitectos vieneses Fellner & Helmer en el siglo XIX: estucos dorados, espejos barrocos y gruesos terciopelos.

Tränenpalast★

F3 *Reichstagufer 17 - ✆ 030 467777911 - www.hdg.de - de ma. a vi. de 9:00 a 19:00 h, sá. y do. de 10:00 a 18:00 h - gratis.*

Justo al lado de Unter den Linden (a 10 min a pie), este elegante pabellón de cristal y acero, conocido como Tränenpalast (Palacio de las lágrimas), fue el puesto fronterizo ferroviario entre la RDA y Berlín Occidental de 1962 a 1990. La transparencia de la arquitectura, diseñada por Horst Lüderitz, era solo una ilusión: en el interior, el ambiente era completamente distinto. Aquí se daban los últimos adioses, la quisquillosa y vociferante policía de Alemania

Oriental (Vopos) controlaba los pasaportes, y los servicios secretos interrogaban a los viajeros durante horas y horas. En esta aduana murieron 200 personas. No fue hasta el 2 de julio de 1990 cuando los trenes volvieron a pasar sin control por la estación de Friedrichstraße.

Staatsbibliothek★

(Biblioteca Nacional)

F4 *Unter den Linden 8 - ✆ 030 266433888 - www.stabi-kulturwerk.de - planta baja, de ma. a do. de 10:00 a 18:00 h (ju. hasta las 20:00 h) - gratis.*

Fundada en 1661 por el Gran Elector (*pág. 155*), la Biblioteca Nacional de Prusia se construyó entre 1903 y 1914 según los planos de Ernst von Ihne, diseñador del Museo Bode (*pág. 32*). Merece la pena visitar el acogedor patio interior, así como la exposición permanente conocida como **Stabi Kulturwerk**, que abrió sus puertas en 2022, donde se exhiben por turnos y en penumbra los tesoros más preciados de la biblioteca: la Biblia de Gutenberg, la partitura original de la *Novena Sinfonía* de Beethoven, el *Cantar de los Nibelungos* y los cuadernos de los hermanos Humboldt, etc.

Reiterdenkmal Friedrich des Großen★

(Estatua ecuestre de Federico II)

F4 *Unter den Linden.*

Federico II entronizado con garbo sobre su caballo, mirando hacia su castillo. Encargada a Christian Daniel Rauch en 1836, esta estatua de 13,50 m de altura marca el inicio de la figuración realista en la escultura berlinesa. Representa fielmente al rey de Prusia rodeado de generales, dignatarios, artistas y eruditos. Exiliada a Potsdam de 1951 a 1980, ahora vuelve a ocupar el lugar que le corresponde en medio de la avenida.

Forum Fridericianum★★

F4 *Bebelplatz.*

En el siglo XVIII, Federico Guillermo I emprendió la ampliación de Berlín trazando grandes vías a ambos lados de Unter den Linden. Federico II (1740-1786) continuó este esfuerzo, creando una vasta plaza —el **Forum Fridericianum**— que iba a dar a la monarquía prusiana una influencia artística y científica sin precedentes: se iban a construir allí un teatro de ópera, una academia de ciencias y un castillo. El proyecto se resintió

El auto de fe de 1933

«Donde se queman libros, se queman personas»: la premonición de Heinrich Heine de un siglo antes se hizo realidad el 10 de mayo de 1933. Ese día, organizaciones estudiantiles nazis quemaron 20 000 libros, considerados subversivos, sustraídos de bibliotecas y librerías. Los estudiantes formaron una cadena para arrojar los libros a las llamas, entre vítores, mientras un compañero recitaba los nombres de los autores implicados. Tras Marx y Kautsky llegaron los nombres de diecinueve escritores, entre ellos Heinrich Mann, Sigmund Freud y Erich Maria Remarque. A medianoche, Goebbels pronunció un discurso sobre el surgimiento de un nuevo mundo.

debido a la mala situación económica del rey, lastrada por las guerras, pero también de sucesivas alteraciones que desequilibraron el conjunto. Solo la ópera se construyó según los planos originales.

La posteridad del Forum Fridericianum se vio empañada por el auto de fe nazi del 10 de mayo de 1933 (*cuadro pág. 23*) recordado por la **Biblioteca hundida** (*Versunkene Bibliothek*) del artista Micha Ullman: bajo un panel de cristal en el suelo, los transeúntes pueden ver una biblioteca con estanterías vacías.

Alte Bibliothek ★

(Antigua Biblioteca Real)

F4 *Bebelplatz.*

La fachada curvada de la Antigua Biblioteca Real (1780), de estilo claramente barroco, le ha valido el sobrenombre de «Kommode». Es sin duda el edificio más interesante de la Bebelplatz. Construido en el lugar previsto para la academia de Ciencias según los planos de Georg Christian Unger, hoy lo ocupa la Universidad Humboldt (Facultad de Derecho), al igual que el **Antiguo palacio** (Altes Palais), situado en su ampliación en Unter den Linden. Construido en estilo neoclásico entre 1834 y 1837, el Antiguo palacio sirvió de residencia real a Guillermo I.

St. Hedwigs-Kathedrale ★

(Catedral de St. Hedwigs)

F4 *Bebelplatz.*

Construido en un ángulo alejado de la plaza entre 1747 y 1773, este edificio (no confundir con la catedral de Berlín), inspirado en el Panteón de Roma, está dedicado a la santa católica Edwige. Federico II quería demostrar su tolerancia religiosa hacia la minoría católica de su reino, en particular en Silesia, que acababa de anexionarse. Las obras fueron realizadas por **Johann Boumann**. La catedral presenta una gran **cúpula** (reconstruida en 1952) y un **frontón** esculpido con escenas bíblicas. El interior, diseñado en 1963, se ha refinado aún más desde su renovación. Una de las capillas de la iglesia baja alberga el **tesoro** de la archidiócesis de Berlín y la tumba del sacerdote de la catedral, Bernhard Lichtenberg, que murió mientras era trasladado a Dachau en 1943 tras protestar públicamente contra la persecución de los judíos.

Staatsoper Unter den Linden ★

(Ópera nacional Unter den Linden)

G4 *Unter den Linden 7 - taquilla: 030 20354555 - www.staatsoper-berlin.de a diario de 12:00 a 1:00 h av. estrenos - entradas: 25/250 €.*

Según Voltaire, «las voces más bellas y los mejores bailarines» actuaban en la Ópera Estatal Unter den Linden (1741-1743), tan querida por Federico II y diseñada por Georg Wenzeslaus von Knobelsdorff. La institución, fundadora de la tradición musical berlinesa, continúa por la senda de la excelencia bajo la dirección musical de Christian Thielemann. El edificio, con su pórtico corintio, fue objeto de una reconstrucción radical en la década de 1950, cuando se amplió y elevó.

Neue Wache

(Nuevo Cuerpo de Guardia)

G4 *Unter den Linden 4 - a diario de 10:00 a 18:00 h - gratis.* **Schinkel** (*pág. 155*) se inspiró en los planos de un *castrum* romano para diseñar este edificio robusto y de aspecto marcial. Este **antiguo cuerpo de guardia** fue el primer proyecto berlinés del arquitecto (1816-1818). Se considera una obra maestra del **clasicismo alemán**. Desde 1993, es el principal **monumento conmemorativo** de Alemania a las «víctimas de la guerra y la tiranía». Detrás de sus austeras columnas dóricas, que se alzan solitarias bajo la luz que cae verticalmente desde el tejado, se encuentra una reproducción de una conmovedora escultura de Käthe Kollwitz (*pág. 100*): *La Madre y su hijo muerto,* creada por la artista tras la muerte de su hijo en los campos de batalla de la Primera Guerra Mundial.

Deutsches Historisches Museum★★

(Museo de Historia alemana)

G4 *Unter den Linden 2 (entrada provisional durante las obras: Hinter dem Gießhaus) - 030 203040 - www.dhm.de - - a diario de 10:00 a 18:00 h (ju. hasta las 20:00 h) - cerrado el 24 de diciembre - 10 €.*

El DHM ocupa el antiguo **Arsenal** (*Zeughaus, en construcción hasta 2026*), un majestuoso monumento barroco adornado con esculturas y

JARAMA/Getty Images Plus

La Ópera, la catedral de St Edwige y la antigua biblioteca de Bebelplatz.

pintado de rosa pálido, construido entre 1695 y 1706 por algunos de los más grandes arquitectos de la época, entre ellos **Andreas Schlüter** que diseñó los veintidós **mascarones**★ del patio interior, que representan los rostros de guerreros moribundos. La exposición permanente *(que volverá a estar abierta a partir de 2026, cuando finalicen las obras de la Zeughaus)* recorre los períodos clave de la historia alemana, desde

DÓNDE COMER

Cu29 2
Crakers 3
Bocca di Bacco 13
Borchardt 20
Dachgartenrestaurant Käfer 36
Wilhelm Alexander 38
Little Green Rabbit 39
Adlon To Go 41
Lutter und Wegner 42
Rotisserie Weingrün 49

las grandes invasiones hasta nuestros días, a través de una amplísima gama de obras. La ampliación del lado norte está destinada a exposiciones temporales. Fue construida en 1992 por el arquitecto chino-estadounidense **I. M. Pei**, autor de la Pirámide del Louvre de París. El edificio triangular, con su fachada convexa transparente, se integra perfectamente en los monumentos históricos circundantes. Los dos

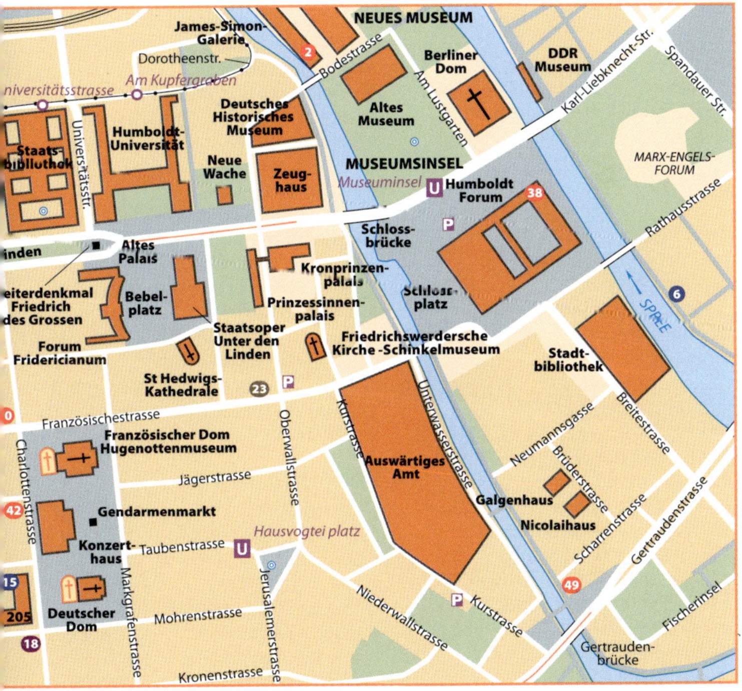

DÓNDE BEBER

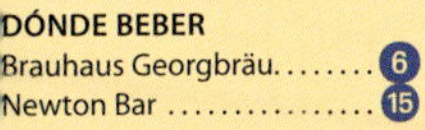

Brauhaus Georgbräu........ 6

Newton Bar 15

DE COMPRAS

Rausch Schokoladenhaus... 18

SALIR POR LA NOCHE

Pierre-Boulez-Saal 23

Concierto o espectáculo

La Ópera Nacional y la Ópera Cómica no son los únicos atractivos del barrio para los amantes de la música, recomendamos el **Pierre-Boulez-Saal** para los melómanos, y el **Friedrichstadt-Palast**. *págs. 131 y 130.*

edificios están unidos por un túnel. También se ha instalado una sala de cine en el antiguo arsenal, donde se proyectan películas de archivo, documentales y clásicos del cine.

Kronprinzenpalais ★

(Palacio del príncipe heredero)

G4 *Unter den Linden 3.* Fue en este palacio barroco, construido (1733) para el príncipe heredero —el futuro Federico II— y remodelado después en estilo neoclásico, donde los representantes de las dos Alemanias —Wolfgang Schäuble por la RFA y Günther Krause por la RDA— firmaron el tratado de reunificación el 31 de agosto de 1990. La parte trasera del palacio presenta un portal de la Bauakademie de Schinkel. Heinrich Gentz (1810-1811) lo conectó con el **Palacio de las princesas** (Prinzessinnenpalais, rebautizado como Opernpalais —Palacio de la Ópera— tras la guerra) que Federico Guillermo III mandó construir en 1811 para sus tres hijas. Su larga fachada, que da a una plaza, alberga un centro cultural y un café, el Palacio del pueblo *(de mi. a lu. de 11:00 a 18:00 h, ju. hasta las 21:00 h).*

Friedrichswerdersche Kirche - Schinkelmuseum★

(Iglesia de Friedrichswerder - Museo Schinkel)

G4 *Werderscher Markt - www.smb.museum - ✆ 030 266424242 - de mi. a vi. de 10:00 a 17:00 h, mi hasta las 18:00 h - gratis.*
Berlín debe la primera construcción de esta **iglesia neogótica** (1824-1830) al arquitecto **Schinkel**.
El portal está decorado con medallones; las bóvedas interiores (ladrillo, nervios) y las piedras de los pilares se han pintado en imitación de mármol. La iglesia alberga una colección de esculturas clásicas, entre ellas un encantador mármol de Emil Wolff *(Invierno*, 1845) y un modelo en yeso **de las princesas Luisa y Federica de Prusia** esculpido por Johann Gottfried Schadow *(original en la 1ª planta de la Alte Nationalgalerie,* *pág. 32)*. El pequeño **museo** *(en la galería)* está dedicado a los proyectos y realizaciones de Schinkel en Berlín.

Schlossbrücke★

(Puente del castillo)

G4 Este puente ceremonial (1821-1824), diseñado por Schinkel (*pág. 55)*, se construyó para sustituir al «Puente de los perros», una banal estructura de madera que, en el siglo XVI, era el punto de reunión de los cazadores y sus jaurías antes de las cacerías del Tiergarten. Las estatuas de mármol de guerreros guiados por Victorias son un poco contundentes, pero los relieves de bronce que representan tritones y caballitos de mar en los parapetos son muy elegantes.

Museumsinsel★★

(Isla de los museos)

El extremo norte de la isla del Spree cuenta con una extraordinaria concentración de museos que, en conjunto, forman una de las colecciones de obras de arte más ricas del mundo. La UNESCO ha declarado este excepcional lugar Patrimonio de la Humanidad. Actualmente se están llevando a cabo extensas obras de restauración, cuya finalización está prevista para 2027, ¡entonces el Pergamonmuseum estará listo para ser redescubierto!

▶**Cómo llegar:** U 5 Museumsinsel, U 6 Friedrichstraße, S 3, 5, 7, 9 Hackescher Markt, Tram M1 Am Kupfergraben, M4, M5, M6 Hackescher Markt, BUS TXL Staatsoper, 100, 200 Am Lustgarten, 147 Friedrichstraße.

Plano del barrio **págs. 46-47****. Mapa extraíble F-G3.**

▶**Consejo:** si piensas visitar varios museos el mismo día, opta por el **Tagesticket Museumsinsel** por 24 € para todo el día y almuerza allí (ver *Cu29 pág. 111*); otro pase, el **3-Tage-Karte** por 32 €, te permite visitar los cuatro museos actualmente abiertos y el Panorama durante tres días consecutivos y utilizar todos los servicios de transporte de Berlín durante el mismo periodo. Ten en cuenta que los suplementos «exposiciones temporales» no están incluidos en estos pases, y que para acceder a determinados museos es necesario reservar ahora una franja horaria online (gratis). Ver también el **Museum Pass** *(pág. 147)*.

Nuestras direcciones, pág. 111

Con el tiempo, la **James Simos Gallery** - será el punto central de entrada a los cinco museos; una pasarela arqueológica unirá cuatro de los cinco edificios.

Altes Museum★

(Antiguo Museo)

G3 *Am Lustgarten - 030 266424242 - - www.smb.museum - de mi. a vi. de 10:00 a 17:00 h, fines de semana hasta las 18:00 h - 10 €.*

Se llama «Altes Museum» porque fue el primer museo público de Berlín. Hoy alberga **colecciones arqueológicas**, con obras de la Antigüedad griega y del mundo romano, la mayoría de pequeño formato (las colecciones egipcias y las obras de gran formato se han trasladado al Neues Museum).

Del edificio en sí, obra maestra neoclásica de **Karl Friedrich Schinkel** (1825-1830), cabe destacar el pórtico de la fachada principal (87 m de alto) sostenido por dieciocho columnas jónicas, y la cúpula con frescos del interior. Todo el edificio sufrió graves daños durante la guerra, pero fue cuidadosamente reconstruido entre 1958 y 1966.

El primer piso, con doce salas, ofrece un recorrido completo por las artes de la **antigua Grecia**, desde las modestas figurillas de terracota de Rodas (siglo VIII a. C.) hasta las estatuas del helenismo triunfante (siglo I a. C.). El **arte etrusco**, otro punto fuerte del museo, se expone en el segundo piso *(abierto a partir de las 11:00 h)*, junto a las colecciones romanas. No te pierdas los retratos funerarios pintados en la región egipcia de Fayum durante la época romana.

Neues Museum★★★

(Nuevo Museo)

G3 *Bodestraße 1-3 y la James-Simon Gallery - ✆ 030 266424242 - ♿ - www.smb.museum - de ma. a do. de 10:00 a 18:00 h; julio y agosto de ma. a do. de 9:00 a 20:00 h; do. de 9:00 a 18:00 h - 14 €, audioguía gratis.*

Poco después de la apertura del Altes Museum, Federico Guillermo IV encargó a **Friedrich August Stüler** la construcción de un Neues Museum al lado, en la misma isla. Construido entre 1843 y 1855 en un estilo clásico muy elegante, el edificio sufrió graves daños durante la guerra y permaneció en avanzado estado de ruina durante la RDA. No fue hasta 2003 cuando se renovó definitivamente: el famoso arquitecto británico **David Chipperfield** decidió preservar el carácter antiguo del edificio combinándolo con una estructura moderna, despejada y discreta. Los restos del edificio del siglo XIX —de ladrillo, con frescos que relatan el descubrimiento de templos antiguos (Karnak, Abu Simbel)— se mezclan con espacios modernos de piedra, cristal y acero, para mostrar mejor los tesoros del museo. El vestíbulo de la gran escalinata es espectacular.

Las dos colecciones —el **Museo Egipcio** y el **Museo de la Prehistoria y la Protohistoria**— llevan al visitante a un original viaje en el tiempo. Las salas están dispuestas a ambos lados de la escalera central en cuatro niveles. Empieza por el sótano.

La **colección egipcia**, principal atracción del museo, se encuentra en tres de los cuatro niveles. Objetos cotidianos y muebles evocan la vida y la muerte en el valle del Nilo. Observa en la pared de la sala 012 un papiro desenrollado del *Libro de los muertos*. Del período tardío, descubrimos una de las obras maestras más logradas, la **cabeza verde de Berlín**★★ (ca. 350 a. C, *sala 109*), un rostro sorprendentemente moderno en su realismo, con arrugas y pliegues de piel. Las piezas que datan de la época del faraón Akenatón, que estuvo en el poder entre 1353 y 1336 a. C., constituyen la joya de la corona de la colección egipcia, junto con los hallazgos de **Tell-el-Amarna**★★★ procedentes de las excavaciones arqueológicas realizadas por la Sociedad Oriental Alemana (1911-1914). Entre ellos figura el retrato de la **reina Tiyi**★★ (en alemán «Teje»; ca. 1360 a. C., *sala 109*), tallada en madera de tejo, así como representaciones de la **familia real de Akenatón**★★ y el famoso **busto de la reina Nefertiti**★★★ (ca. 1340 a. C, *sala 210*), descubierto en Amarna en 1912 en el taller de un escultor. Parece que este busto de piedra caliza sirvió de modelo para las estatuas oficiales de la reina (lo que explicaría la ausencia del ojo izquierdo). El nombre Nefertiti —en alemán «Nofretete»— significa «la bella ha llegado».

El **Museo de Prehistoria y Protohistoria** abarca las civilizaciones europeas desde la Edad de Hielo hasta la Alta Edad Media, en una disposición algo inconexa que abarca la arqueología de las provincias romanas *(sala 202)* y Chipre *(sala 106)*, así como el mundo germánico *(sala 204)* y la mitología nórdica *(sala 102)*. El tercer piso, más coherente, reúne las **Edades de Piedra, Bronce y Hierro**, en torno a dos piezas clave: el **cráneo de un neandertal** de once años *(sala 308)*, descubierto en 1908 a orillas del Vézère (Périgord) por el arqueólogo suizo Otto Hauser (se cree que data del 45 000 a. C.); y el **Goldhut** del siglo IX a. C. *(sala 305)*, un gorro cónico de 74 cm de altura, hecho enteramente de pan de oro y decorado con símbolos que aún se están descifrando -se cree que forman un calendario para calcular los ciclos lunares a lo largo de un año solar-; es, en cualquier caso, el mejor conservado de los cuatro «sombreros rituales» descubiertos hasta la fecha.

Alte Nationalgalerie★★

(Antigua Galería Nacional)

G3 - *Bodestraße 1-3 - ✆ 030 266424242 - www.smb.museum - ♿ - de ma. a do. de 10:00 a 18:00 h; julio y agosto de ma. a sá. de 9:00 a 20:00 h, do. hasta las 18:00 h - 12 €.*

Construida (1862-1876) por Friedrich August Stüler, alumno de Schinkel, la Antigua Galería Nacional alberga pinturas y esculturas del siglo XIX. Hasta 2001 no se restauró toda la colección: en la época de la partición de la ciudad, parte de la colección se encontraba en la Nueva Galería Nacional de Berlín Occidental (*pág. 83*). Para un recorrido cronológico, empieza por el tercer piso.

Tercera planta - Entre otras obras importantes, admira los **frescos de la Casa Bartholdy★** de **Peter Cornelius** (1816-1817), en la sala 3.02; los **cuadros★★** del arquitecto **Karl Friedrich Schinkel** que también fue un pintor de talento, en la sala 3.05 (su vista panorámica de la isla de Rügen, a la luz de un atardecer otoñal, es una pequeña joya); *Monje a la orilla del mar*★★ de **Caspar David Friedrich** (probablemente el más famoso de todos los cuadros de este maestro del Romanticismo alemán conservados por la Galería Nacional, *sala 3.06*); los cuadros★ del artista berlinés **Carl Blechen** *(salas 3.07 y 3.08)* y, por último, las obras de **Eduard Gärtner** *(sala 3.10)* apasionado por su ciudad, Berlín. Es interesante comparar sus opiniones sobre Berlín★★ con la ciudad de hoy.

Segunda planta - En la sala dedicada a los impresionistas franceses *(sala 2.03)*, podrás admirar *En el jardín de invierno*★★ (1878-1879) de **Édouard Manet**; **Verano★★** (1874) de **Claude Monet** y *El pensador*★★ (hacia 1881-1883), obra clave de **Auguste Rodin** y de la escultura moderna. En la sala 2.13, **Max Liebermann** está representado por una docena de lienzos marcados por el Naturalismo, entre ellos *Granero de lino en Laren*★★ (1887). También destaca, en la sala 2.02, por su paleta luminosa, *Regresar al suelo nativo* (1895) del artista suizo Giovanni Segantini.

Primera planta - Las esculturas clásicas de la primera galería incluyen el **grupo de las princesas Luisa y**

Frédérique de Prusia★★★ (1795-1797) de Johann Gottfried Schadow. El resto de la planta está dedicada principalmente a la importante colección de obras★ de **Adolph Menzel**.

Pergamonmuseum

(Museo de Pérgamo)

G3 *acceso por la Galería James Simon - ✆ 030 266424242 - www.smb.museum - cerrado por renovación hasta 2027.*

Conocido en todo el mundo por sus monumentales reconstrucciones históricas, el museo más joven de la isla está dividido en tres departamentos. A continuación enumeramos los principales puntos de interés de cada uno de ellos, ¡para cuando vuelva a abrir!

Vorderasiatisches Museum★★ (Museo de Antigüedades de Oriente Próximo, ala *sur del Museo de Pérgamo, planta 1)* - Esta institución ofrece un panorama excepcional de 6000 años de historia, cultura y arte del Oriente Próximo, centrándose en las regiones de la antigua Mesopotamia (Sumeria, Babilonia, Asiria), Siria y Anatolia. Las dos joyas de la corona del museo son la sublime **Puerta de Ishtar★★★** —una de las ocho puertas de acceso a la ciudad de Babilonia— y la **vía de las procesiones de Babilonia★★**, que datan de Nabucodonosor II (605-562 a. C.).

Antikensammlung★★★ (colecciones de antigüedades, *planta 1*) - Los imponentes fragmentos de edificios griegos y romanos reconstruidos en tres grandes salas son excepcionales. Dos piezas imprescindibles: el **Altar de Pérgamo★★★** (*Pergamonaltar*), una de las obras más admirables del arte helenístico, construida en el siglo II a. C.; y la ricamente labrada **Puerta del Mercado de Milet★★** (100 d. C.). Durante la duración de las obras, se expondrán varias piezas en el **Pergamon-Panorama** *(Am Kupfergraben 1-3)*, junto a una espectacular panorámica de la antigua ciudad de Pérgamo pintada por Yadegar Asisi.

Museo für islamische Kunst★★ (Museo de Arte Islámico, *planta 2)* - La colección abarca el arte islámico del siglo VIII al XIX con especial atención a Oriente Próximo. te pierdas la **colección de alfombras★**, la fachada del **Palacio de Mshatta★★** (Jordania, ca. 744, *actualmente en restauración*) y la **cámara de Alepo★★** (Siria, 1603): sus paneles de cedro y avellano pintados con motivos cristianos son los ejemplares más antiguos de este tipo.

Bode-museum★★

(Museo Bode)

F-G3 *Monbijou Brücke - ✆ 030 266424242 - ♿ - www.smb.museum - de mi. a vi. de 10:00 a 17:00 h, sá. y do. hasta las 18:00 h.*

Este museo parece surgir orgulloso del agua en la punta de la isla, con siete soberbias bóvedas en la parte delantera que recuerdan la proa redondeada de un barco. A pesar de su desfavorable ubicación (una vía férrea pasa justo por detrás), el arquitecto de la corte **Ernst von Ihne** (1848-1917) supo explotar hábilmente la asimetría del emplazamiento. El cuerpo principal está formado por columnas y pilastras presididas por una balaustrada decorada con figuras y una cúpula de cobre.

Dos mil obras de arte, desde la Antigüedad hasta principios del siglo XIX, han encontrado su lugar en las sesenta y seis salas de exposición del Bode, que hoy albergan 150 cuadros de **maestros antiguos**, una prestigiosa **colección de esculturas**, el **Museo de Arte Bizantino** y un rico **Gabinete de monedas**.

No puedes perderte: los mosaicos desprendidos de Rávena (545, *sala 115*), la serie de retablos esculpidos de la sala 107 y la *Bailarina* de Antonio Canova (1812, *sala 134*). La sala 261 *(planta 2)* te transporta a un palacio de la región del Véneto: su decoración de frescos mitológicos en grisalla es obra (1754) de Giandomenico Tiepolo, hijo del ilustre Giambattista.

DDR Museum★

(Museo de la RDA)

G3 *Karl Liebknecht-Str. 1 - ✆ 030 847123730 - www.ddr-museum.de - a diario de 9:00 a 21:00 h - 13,50 € (10,50 € con WelcomeCard).*

Este museo privado, que pretende ser divertido e interactivo, ofrece una pequeña visión de la vida en la antigua República Democrática Alemana (1949-1989, *pág. 158*): el consumismo y sus precios controlados, las dificultades para abastecerse, los servicios secretos, las Juventudes Socialistas y las vacaciones en el Báltico.

Las dos atracciones estrella: un paseo en el Trabi, el legendario coche de la antigua RDA, y una visita al piso piloto, donde la televisión del salón emite uno de los programas más populares de la época. Todo esto puede parecer un poco superficial. Para saber más, visita el museo «Alltag in der DDR» en Prenzlauer Berg (gratis, *pág. 52*).

Berliner Dom ★

(Catedral de Berlín)

G3-4 *Am Lustgarten - conciertos con reserva al ✆ 030 20269136 o en la tienda; programa www.berlinerdom.de - ♿ - de lu. a vi. de 9:00 a 18:00 h, sá. hasta las 17:00 h, do. de 12:00 a 17:00 h - 10 €.*

Situada a orillas del río Spree, la catedral de Berlín domina los alrededores desde su cúpula de 85 m de altura. En la mente de su promotor, Guillermo II, debía encarnar la grandeza del Imperio, el esplendor de la corte de los Hohenzollern y la fe protestante. Fue construido (1894-1905) en estilo renacentista italiano por Julius Carl Raschdorff, pero sufrió graves daños durante la Segunda Guerra Mundial. Cuando comenzaron las obras de restauración en 1975, se optó por una cúpula y torres más pequeñas.

El magnífico **interior★★** conserva elementos del edificio anterior, en cuyo altar mayor colaboraron Karl Friedrich Schinkel, Christian Daniel Rauch y Friedrich y August Stüler. El **órgano** de 1904, los **mosaicos** y las **pinturas en vidrio** de Anton von Werner son extraordinarios.

La **cripta** *(cuya reapertura está prevista para 2025)* alberga las tumbas de la familia real de los Hohenzollern. No te pierdas subir a lo alto de la cúpula, que ofrece una **vista** sobre la Isla de los museos, el nuevo castillo, las estatuas de la catedral y el río Spree.

Un proyecto faraónico

El castillo de Berlín, residencia de los príncipes electores, reyes de Prusia y emperadores de Alemania de 1451 a 1918, ha marcado profundamente el corazón de la ciudad. Su demolición en 1950 dejó un enorme vacío en el tejido urbano, pero reconstruirlo de forma idéntica, en una ciudad que acababa de reunificarse y ya estaba sobreendeudada, pareció a muchos una costosa farsa o una completa utopía. El interminable debate que provocó atormentó las mentes de dos alcaldes, dos cancilleres y 158 arquitectos. Al final, se eligió el proyecto del arquitecto italiano Francesco Stella. En 2013, el presidente alemán Joachim Gauck y el alcalde de Berlín Klaus Wowereit pusieron la primera piedra de este faraónico proyecto.

Schlossplatz

(Plaza del palacio)

G4 Durante muchos años, este fue el emplazamiento del **Berliner Schloss**, el castillo de Berlín. Muy dañado durante la guerra, este símbolo del feudalismo fue demolido en 1950 por las autoridades de la RDA, que construyeron el **Palast der Republik** («Palacio de la República») en 1974 para albergar la Cámara del Pueblo. Tras la reunificación, el Bundestag decidió demoler el edificio (que contenía amianto) y reconstruir el Berliner Schloss exactamente igual que antes. La plaza, aún en construcción, contará pronto con una plataforma cóncava que se podrá inclinar ligeramente hacia un lado u otro, según su distribución. Este monumento —el Freiheits-und Einheitsdenkmal (Monumento a la libertad y la unidad)— pretende ser un homenaje a la revolución pacífica de 1989 y a la reunificación alemana.

Humboldt Forum ★

G4 *Schlossplatz - ✆ 030 992118989 - www.humboldtforum.org - de mi. a lu. de 10:30 a 18:30 h - gratis o 7 € según la exposición - visitas guiadas al edificio (en inglés, 8 €) lu., ju. y sá. de 11:00 a 12:00 h - terraza en la azotea, 5 €.* Desde 2021, el nuevo **castillo de Berlín** alberga un complejo cultural de 42 000 m² centrado en las **colecciones etnológicas y arte asiático** anteriormente expuestas en Dahlem (*pág. 101*). Terracota nigeriana, tejidos preincaicos, lacas japonesas... La exposición abarca todos los continentes fuera de Europa, y sitúa cada objeto en su contexto colonial. De particular interés son las estelas precolombinas conocidas como «jugadores de pelota», descubiertas hacia 1860 en una plantación de Guatemala *(sala 207)*, la piragua con balancín de Papúa Nueva Guinea *(sala 215)* y el soberbio abrigo de plumas ocres y rojas del rey de Hawai, regalado a Federico Guillermo III de Prusia en 1828 *(sala 219)*, y los preciosos murales de la cueva budista de Kizil *(sala 317)*, retirados en 1913 durante una expedición alemana a Xinjiang (región autónoma uigur).

Scheunenviertel★★

La cúpula dorada de la Nueva Sinagoga es el emblema más visible del renacimiento del Scheunenviertel, antiguo barrio de chabolas que inspiró a Alfred Döblin en su novela *Berlín Alexanderplatz*. Hoy, entre Oranienburger Straße y Hackescher Markt, las cafeterías y restaurantes de moda, los patios restaurados, las tiendas de moda y las galerías de arte crean un bullicio constante. Es el corazón del Berlín reunificado, que en muchos aspectos se solapa con el antiguo barrio judío.

▶**Cómo llegar:** S 1, 2 Oranienburger Straße, S 3, 5, 7,9 Hackescher Markt, U 2 Rosa-Luxemburg-Platz, U 6 Oranienburger Tor, U 8 Rosenthaler Platz, Weinmeisterstraße

Plano del barrio págs. 38-39. Mapa extraíble F-G 2-3.

▶**Consejo:** este barrio es uno de los favoritos por los noctámbulos berlineses.

Nuestras direcciones, págs. 112, 119, 124, 134.

Hackesche Höfe ★★

G3 *Entrada Rosenthaler Str. 40-41 y Sophienstr. 6 - www.hackesche-hoefe.de*

A tiro de piedra de la estación de S-Bahn de Hackescher Markt (1882), de ladrillo ocre y bellamente restaurada, se encuentra la entrada principal a los **Hackesche Höfe**, el mayor y más conocido conjunto de patios *(höfe)* del Scheunenviertel: ocho patios de carácter muy diferente, donde conviven pisos y oficinas junto a *boutiques* de moda, galerías de arte, un cine, un teatro de variedades y varios cafés. El primer patio, diseñado en estilo jugendstil por **August Endell**, está adornado con una **magnífica fachada**★ de ladrillos vidriados policromados. La escalera de la izquierda es igual de elegante. La construcción de este complejo, que comenzó en 1906, siguió un patrón de clara separación entre zonas residenciales, artesanales, comerciales y culturales, que lo distingue de los patios traseros del siglo XIX. Ampliamente restaurados tras la caída del Muro de Berlín (1994-1996), se han convertido en una importante atracción turística. Desde 2002, las Hackesche Höfe están unidas a las **Rosenhöfe**, restauradas en un estilo neorococó menos atractivo.

Heckmann Höfe pág. 41.

Haus Schwarzenberg

Casa Schwarzenberg

G3 *Rosenthaler Str. 39.*

Si quieres saber cómo eran los patios de la Spandauer Vorstadt (antigua judería) justo después de la caída del Muro, solo tienes que pasear por el patio de la Haus Schwarzenberg, que se encuentra en un estado de ruina sorprendentemente pintoresco.

Andrew Danilovich/Getty Images Plus

Hackesche Höfe.

Es sin duda este marco único el que ha animado a muchos artistas alternativos a ocupar la zona. En el primer patio, a la izquierda, se puede visitar el antiguo **taller de Otto Weidt para invidentes** (*Blindenwerkstatt Otto Weidt*). Este fabricante de cepillos y escobas con discapacidad visual salvó la vida de varios judíos durante la guerra sobornando a la Policía y a la Gestapo. En otoño de 1942 consiguió liberar a un grupo enviado al campo de concentración de Große Hamburger Straße. Falsificó documentos y escondió a judíos en su sótano. La exposición permanente muestra las acciones de este hombre justo en su escenario original. *✆ 030 28599407 - ♿ - www.museum-blindenwerkstatt.de - de lu. a vi. de 9:00 a 18:00 h, sá. y do. desde las 10:00 h - cerrado el 24 de diciembre - gratis - audioguía en español.*

En el mismo patio, a la derecha, el **Centro Anne-Frank** (*✆ 030 288865600 - www.annefrank.de - de ma. a do. de 10:00 a 18:00 h - 8 €*) cuenta la historia de una joven judía cuya familia huyó de la Alemania nazi en 1933 para refugiarse en Ámsterdam.

Große Hamburger Straße

F-G3 Große Hamburger Straße, antaño conocida como «calle de la tolerancia» por sus instituciones judías, católicas y protestantes, se convirtió en una de las direcciones más temidas de la capital del Reich en 1942, cuando se instaló

SCHEUNENVIERTEL
Y PRENZLAUER BERG
0 200 m
FRIEDRICH-LUDWIGJAHN-JAHN-SPORTPARK
Raumerstrasse
Topsstrasse
Eberswalderstr.
Eberswalder Str.
Friedrich-Ludwig-Jahn-Sportpark
Danziger Str.
Alltag in der DDR
Kulturbrauerei
Schönhauser Allee
Oderberger Str.
Schwedter Str.
Kastanienallee
Choriner Strasse
Kollwitzplatz
Jüdischer Friedhof
Kollwitzstrasse
Zionskirchplatz
Zionskirchstr.
Templiner Str.
Christinenstrasse
Senefelderplatz
Metzerstr.
Herz-Jesu-Kirche
Saarbrücker
Mollstrasse/ Prenzlauer Allee
Rosa-Luxemburg-Platz
Karl-Liebknecht-Haus
Kino Babylon
Weinmeisterstrasse
Münzstr.
Memhardstrasse
Park Inn-Hotel
ALEXANDERPLATZ
Alexanderplatz
Berolinahaus
Fernsehturm
Alexanderhaus
Neptunbrunnen
Rotes Rathaus
Stadtgericht
Gruner-Str.
Demminer Str.
Vinetapl.
Wolliner Str.
Brunnenstrasse
Usedomer Str.
Wattstrasse
Swinemünder Str.
Ruppiner Str.
Schwedter Str.
Stralsunder Str.
Strelitzer
Bernauer Str.
Hussitenstrasse
Ackerstrasse
Granseer Str.
Gedenkstätte Berliner Mauer
Zionskirche
Fehrbelliner Str.
Anklamer Str.
Brunnenstrasse/ Invalidenstrasse
Veteranenstrasse
Bergstrasse
Nordbahnhof
Invalidenstrasse
Pappelplatz
Zehdenicker Str.
Rosenthaler Pl.
Torstrasse
Eichendorff-Str.
Gartenstrasse
Schröder-Str.
Tieckstrasse
Borsigstrasse
Novalisstr.
SCHEUNENVIERTEL
Linienstrasse
Gormann-Str.
Mulackstrasse
Steinstrasse
Max-Beer-Str.
Almstadtstr.
Samurai Museum Berlin
Auguststrasse
Tucholsky-Str.
Grosse Hamburgerstr.
Sophiensaele
Ehemaliges Postfuhramt
Oranienburger Tor
Heckmann Höfe
Maison manquante
Anne Frank Zentrum
Fotografiska Berlin
Alter jüdischer Friedhof
Haus Schwarzenberg
Oranienburger Str.
Neue Symagogue
Hackesche Höfe
Dircksenstrasse
Friedrichstrasse
Ziegelstrasse
Monbijouplatz
Hackescher Markt
Brunnen der Völkerfreundschaft
Monbijoupark
MUSEUMSINSEL
SPREE
Am Weidendamm
Bode-Museum
Alte Nationalgalerie
Block der Frauen
Spandauer Str./ Marienkirche
St-Marien
NEUES MUSEUM
Pergamonmuseum
DDR Museum
Friedrichstrasse
J.-Simon Galerie
Altes Museum
Berliner Dom

DÓNDE COMER

Schwarzwaldstuben 5
Zeit für Brot 28
Gugelhof............................. 34
Yumcha Heroes........................ 40
Metzer Eck 43
Curry 61.............................. 54
PeterPaul............................. 56
Fotografiska Café Bar 61

DÓNDE BEBER

Keyser Soze 1
Strandbad-Mitte....................... 2
The Barn 3
Tadschikische Teestube................ 4
Anna Blume 7
Codos Coffee.......................... 8
Prater Garten......................... 9
Schankhalle Pfefferberg 10
Distrikt Coffee 11

DE COMPRAS

Eat Berlin............................ 2
Ampelmann Shop 3
Bonbonmacherei 4
Picknweight........................... 5
Jünemann's Pantoffeleck............... 6
VEB Orange 8
Thatchers 10
Flagshipstore......................... 11
Flohmarkt am Mauerpark............... 12
Trödelmarkt am Arkonaplatz...........
Wunderwerk 19
Erzgebirgskunst....................... 31
Walther König 32
Kleid und Schuh....................... 34

SALIR POR LA NOCHE

Distel 2
Kulturbrauerei........................ 5
Friedrichstadt-Palast.................. 8

DÓNDE DORMIR

Adele Designhotel Berlin 1
Alexander Plaza 3
Oderberger 4
The Circus Hostel 8
Birgit Hotel........................... 11
St Christopher's Berlin Hostel 20
Amano............................... 21
Pfefferbett Hostel Berlin 22

un campo de concentración antes de iniciarse la deportación. Al principio de la calle, una zona sombreada podría pasar por una tranquila plaza si la mirada no se dirigiera rápidamente a los monumentos funerarios dispersos, entre ellos una estela dedicada al gran filósofo judío **Moses Mendelssohn** (1729-1786). Se trata del **Alter jüdischer Friedhof**, el cementerio de la comunidad judía más antiguo de Berlín (1672 - *de lu. a ju. de 7:30 a 17:00 h, vi. de 7:30 a 14:30 h, do. de 8:00 a 17:00h - sá. y fiestas judías cerrado - gratis - los hombres deben cubrirse la cabeza)*. Cerrado en 1827 y trasladado al barrio de Prenzlauer Berg, fue destruido por orden de la Gestapo en 1943. El grupo escultórico dedicado a «las víctimas judías del fascismo» recuerda el triste **campo de concentración** que los nazis instalaron en una antigua residencia de ancianos. Los judíos de Berlín fueron reunidos allí, llevados a las estaciones de ferrocarril y deportados a los campos de exterminio.

El autor de esta conmovedora obra, **Will Lammert** (1892-1957), la destinó al campo de concentración femenino de Ravensbrück, pero murió antes de poder terminarla. A la izquierda, una placa conmemora las deportaciones.

En la acera de enfrente, en el n.º 15, la **Casa ausente**★ de **Christian Boltanski** continúa este trabajo sobre la memoria. En las paredes de dos edificios están grabados los nombres de los ocupantes, piso por piso, de una casa destruida por las bombas.

Monbijoupark ★

G3 No queda nada del castillo donde vivió la princesa Sofía-Dorotea, esposa del rey elector. En su lugar, un encantador parque se extiende hasta el Spree. Cuando hace buen tiempo, los niños invaden una piscina al aire libre. En la playa *(Strandbar Mitte)* frente a la Isla de los museos, con sus chiringuitos y tumbonas, y con vistas a las barcas del canal.

El corazón del Berlín judío

En 1671, un edicto de Federico Guillermo autorizó a cincuenta judíos ricos de Viena a venir a Berlín por motivos económicos. Esta decisión marcó el renacimiento de la presencia judía en Brandeburgo, de la que se tenía constancia desde el siglo X. Un año más tarde se abrió el primer cementerio judío en la Große Hamburger Straße. En 1714, una sinagoga abrió sus puertas en Heidereutergasse, pronto seguida de escuelas, hospicios... El Scheunenviertel se convirtió en el corazón del Berlín judío, un barrio muy pobre a finales del siglo XIX, donde se refugiaron muchos rusos y polacos que habían sobrevivido a los pogromos. De los 160 000 judíos que aún vivían en la capital del Reich tras la llegada de Hitler al poder (1933), 80 000 consiguieron emigrar a tiempo, 55 000 fueron deportados entre 1941 y 1945 a Auschwitz y Theresienstadt (1900 de ellos sobrevivieron a los campos), 7000 permanecieron escondidos en Berlín (solo 1700 salieron vivos de su escondite). Hoy, la comunidad cuenta con 12 000 miembros, dos tercios de los cuales proceden de la antigua URSS.

Neue Synagoge★

(Nueva Sinagoga)

F3 *Oranienburger Str. 28-30 - ✆ 030 88028316 - www.centrumjudaicum.de - ♿ - de abril a septiembre, do. de 10:00 a 19:00 h, de lu. a vi. hasta las 18:00 h; de octubre a marzo, de do. a ju. de 10:00 a 18:00, vi. hasta las 15:00 h; cerrado en fiestas judíass - 7€ (exposición permanente).*

Esta sinagoga debe mucho a su arquitecto, Eduard Knoblauch, que supervisó las obras de 1859 a 1866: se inspiró en el estilo morisco de la Alhambra y en la arquitectura india para la cúpula. En su momento, fue la sinagoga más bella y grande de Alemania (3200 plazas). Sobrevivió a la Noche de los cristales rotos (*pág. 157*) sin demasiados daños, gracias a la intervención de Wilhelm Krützfeld (este policía tuvo el valor de oponerse a las SA que la habían incendiado y alertar a los bomberos). Sin embargo, sufrió mucho con los bombardeos de 1943. Hasta 1989 no comenzaron las obras de reconstrucción. En la fachada está grabado un mandato en hebreo tomado del *Libro de Isaías*: «¡Abrid las puertas! Dejad entrar a la nación justa y fiel». En el interior, la colección permanente recuerda la historia del edificio, mientras que las exposiciones temporales del piso superior se centran en la historia de los judíos de Berlín. Observarás que la sinagoga no se ha reconstruido por completo. Una pared de cristal marca el final de la parte restaurada. Se abre a un jardín, en cuyo suelo se trazan los contornos del santuario original. La cúpula, que no es especialmente interesante desde el interior, ofrece una hermosa vista sobre los tejados del barrio.

Heckmann Höfe★

F3 - *Oranienburger Str. 32 - Auguststr. 9.*

Otro de los patios secretos del distrito. El primero, más bien estrecho, recuerda a los *mietskasernen* («barracones de alquiler», grandes edificios alquilados a la clase obrera) de la Oranienburger Straße a finales del siglo XIX, mientras que el segundo, luminoso y espacioso, invita a soñar despierto. Un establo de ladrillo vidriado de 1858, decorado con un medallón de cabeza de caballo, destaca entre los antiguos cobertizos. El edificio de estilo clásico tardío situado en la esquina de Auguststraße y Tucholskystraße data de 1872.

Ehemaliges Postfuhramt★

(Antigua Oficina de Correos Imperial)

F3 *Oranienburger Str. 35-36 (esquina con la Tucholskystr).*

Este hermoso edificio, de estilo clásico tardío, fue diseñado por Carl Schwatlo (1875-1881). En las fachadas, revestidas de ladrillos vidriados rojos y amarillos y decoradas con terracota alrededor de las ventanas, se aprecian medallones de Marco Polo, Gutenberg, Cristóbal Colón, Franklin y Siemens, figuras todas ellas que desempeñaron un papel especial en la historia de las comunicaciones. La entrada, con su puerta monumental, está rematada por una cúpula octogonal de tambor.

Fotografiska Berlin

F3 *Oranienburger Str. 54 - www.berlin.fotografiska.com - 14/16 € según el día.* La galería sueca Fotografiska, dedicada a la fotografía contemporánea, acaba de abrir una sucursal en este edificio, que durante muchos años (1990-2012) fue una famosa casa okupa de artistas, el **Tacheles** *(pág. 165)*. El interés de las exposiciones (de cuatro a cinco al año) varía mucho, pero las cinco plantas conservan gran parte de los grafitis que fueron el alma de este local *underground* de culto berlinés.

Samurai Museum Berlin ★

G3 *Auguststraße 68 - ✆ 030 62975635 - www.samuraimuseum.de - a diario de 11:00 a 19:00 h - 10/15 € según la hora.* Fascinado por el mundo de los samuráis, Peter Janssen ha dedicado buena parte de su fortuna a intentar recomprar su equipo completo: cascos, espadas, sables... El resultado ha sido su colección de setenta armaduras en total, que es una de las más ricas del mundo fuera de Japón. Abierta al público desde 2017, nos dice muy poco sobre la vida cotidiana de esta casta de guerreros feudales o de los poderosos clanes que los contrataban, pero es un maravilloso ejemplo del gran virtuosismo técnico de la artesanía japonesa: las armaduras ceremoniales (algunas pesan hasta 40 kg) están hechas de pequeñas tiras de metal, hábilmente encadenadas, y las máscaras de cuero hervido están lacadas con pan de oro.

Sophienstraße ★

G3 Aquí no hay fachadas neoclásicas, sino elegantes casas del siglo XVIII y XIX que bordean una calle estrecha y ofrecen una hermosa vista de la **Iglesia Santa Sofía** (Sophienkirche, *a diario de 14:00 a 18:00 h; hasta las 17:00 h en invierno*) y el poético jardín que la rodea. El edificio (1712-1735) posee un elegante campanario barroco. En los n.os 18-18a, la doble puerta neorrenacentista de ladrillo conduce a la **Sophiensæle**, sede de teatro de vanguardia, coreografía y otros proyectos artísticos *(✆ 030 2835266 - www.sophiensaele.com)*. Una placa conmemorativa en la entrada cuenta la larga historia del edificio desde 1905.

Adoquines dorados en memoria de los deportados

Hay que agacharse para verlos brillar discretamente en las aceras de la ciudad. En estos adoquines están grabados los nombres de los judíos alemanes que vivieron en los edificios colindantes y cayeron víctimas del terror nazi. La fecha de su muerte y el nombre del campo de exterminio al que fueron deportados también aparecen en estas placas conmemorativas. Inventadas por el artista alemán Gunter Demnig, que empezó instalándolas ilegalmente en Kreuzberg en 1997, las *stolpersteine* son un símbolo del Holocausto. Las *stolpersteine* (literalmente «piedras para tropezar») se han esparcido ya por toda Europa —el 26 de mayo de 2023, Demnig colocó la n.º 100 000 en Nuremberg— y son financiadas por particulares.

Alexanderplatz★ y Nikolaiviertel

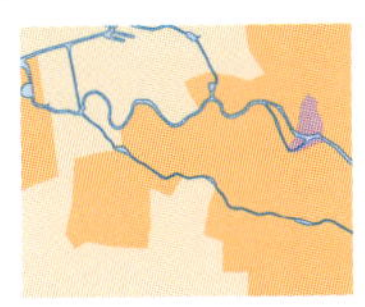

«L'Alex», como llaman los berlineses a Alexanderplatz, es el centro de Berlín Este, como lo era en tiempos de la RDA, con una gran concentración de comercios y una estación de tren en la que confluyen numerosas líneas. Si la estética socialista no te atrae, dirígete al Nikolaiviertel, cuyas callejuelas medievales (reconstruidas en hormigón en 1987), repletas de tabernas, ofrecen una cara más alegre.

▶**Cómo llegar:** Alexanderplatz: S 3, 5, 7, 9, U 2, 5, 8, BUS 100, 200, TXL. Nikolaiviertel: U 2 Klosterstraße, S y U Alexanderplatz. Isla de los pescadores (Fischerinsel): U 2 Klosterstraße, Märkisches Museum, Spittelmarkt.

Plano del barrio págs. 46-47. Mapa extraíble G-H 3-4.

▶**Consejo:** además de en el barrio de Nikolaiviertel y sus tabernas, puedes tomar un tentempié en las estaciones de S-Bahn y U-Bahn de Alexanderplatz, donde hay numerosas *imbiss* (quioscos) y salchicheros (*pág. 111*).

Nuestras direcciones, págs. 113, 120, 135.

Alexanderplatz ★

G-H3 Esta vasta explanada bordeada de edificios bastante rígidos es la imagen misma del urbanismo de la antigua RDA. Construida sobre las ruinas de la guerra, contiene varios símbolos de la ideología comunista: la **Fuente de la amistad entre los pueblos** ocupa, desde el final de la Segunda Guerra Mundial, el lugar de la estatua Berolina, alegoría de la ciudad que fue durante mucho tiempo el emblema de la plaza; el **reloj universal Urania** *(Urania Weltzeituhr)* situado al sureste de la plaza, indica los husos horarios de las principales ciudades del mundo (los berlineses suelen reunirse bajo sus agujas). Al suroeste, dos edificios de oficinas de hormigón sobrevivieron a la guerra: l'**Alexanderhaus** y el **Berolinahaus**, diseñados en estilo racionalista (1930-1932) por Peter Behrens, pionero del diseño industrial. Al otro lado de la Grunerstraße, al este de la plaza, se encuentra el friso de cerámica de 125 m de largo (1962-1963) de la **Casa del maestro** *(Haus des Lehrers)* que muestra el papel social de esta profesión. El noreste de Alexanderplatz está dominado por el antiguo **Interhotel Stadt Berlin**, donde solían alojarse las delegaciones de los «países hermanos». Ahora es el **Park Inn-Hotel**, que está unido por el Alex-Passage al antiguo Centrum Warenhaus, en su día los mayores grandes almacenes de la RDA. Hoy se conoce como **Galería Kaufhof** *(de lu. a sá. de 10:00 a 20:00)*. En 2025 se inaugurará la **torre Covivio**, un enorme edificio de 60 000 m^2.

Fernsehturm★

(Torre de la televisión)

G3 *Panoramastr. 1a, planta panorámica - www.tv-turm.de - de abril a octubre de 9:00 a 23:00 h; de noviembre a marzo de 10:000 a 22:00 h - entrada: 27,50 € (4-14 años: 17,50 €).*

Fue el orgullo del régimen de la Alemania Oriental. Inaugurado en 1969 por Walter Ulbricht, mide 368 m de altura y se convirtió inmediatamente en la principal atracción de la plaza. Construido para afirmar la superioridad tecnológica de la RDA sobre las democracias occidentales, su esfera plateada brilla sobre todo Berlín. Un ascensor te catapulta a la cima en un abrir y cerrar de ojos, ofreciéndote una **vista excepcional** de todo Berlín. Los monumentos del centro histórico, en el eje Unter den Linden, parecen miniaturas. La Puerta de Brandeburgo parece estar muy cerca. La extensión de espacios verdes vista desde arriba es impresionante: los parques de Friedrichshain y Tiergarten y el bosque de Grunewald son claramente identificables. Al sur se ve el antiguo aeropuerto de Tempelhof; al sureste, la recta Karl-Marx-Allee. A lo lejos se ven las zonas residenciales de clase media al oeste y suroeste, así como los *mietskasernen* («barracones alquilados», término acuñado en la década de 1860 para describir los edificios densamente poblados alquilados a la clase obrera) de Kreuzberg y Prenzlauer Berg. Tómate un descanso en el bar Fernsehturm (*Nuestras direcciones, pág. 120*) , que gira sobre su eje para que los clientes puedan disfrutar de una panorámica de 360 °. En un día despejado se puede ver un impresionante reflejo en forma de cruz en la cúpula. ¡Una paradoja del destino que enfureció a las autoridades de Alemania Oriental!

A los pies de la torre, al suroeste, hay una iglesia que bien merece una visita: **St. Marienkirche Marienkirche** *(Iglesia de la Virgen María, a diario de 10:00 a 18:00 h, en invierno hasta las 16:00 h)*, con su **púlpito** de Andreas Schlüter (1703), y su **caja del órgano** de Johann Georg Glume (1723), dos obras maestras del Barroco.

Rotes Rathaus★

(Ayuntamiento)

G4 *Rathausstr. 15 - de lu. a vi. de 9:00 a 18:00 h.*

No esperes que el apodo del ayuntamiento de Berlín —«el ayuntamiento rojo»— sea una alusión política: se refiere simplemente al color del ladrillo. Este edificio neorrománico, construido entre 1861 y 1869 por Hermann Friedrich Waesemann, es actualmente la sede del alcalde y el pleno de Berlín. El ayuntamiento se reúne aquí desde 1870. Tras la Segunda Guerra Mundial, el consejo de Berlín Este se trasladó aquí, mientras que Berlín Oeste se gobernaba desde el Ayuntamiento de Schöneberg. El campanario (97 m) recuerda al *campanile* de Giotto en la catedral de Florencia. Un friso de 36 paneles de terracota sobre la planta baja recorre la historia de Berlín desde sus orígenes hasta la fundación del Imperio por Bismarck. La puerta principal también presenta una rica decoración de terracota.

IRKUTSK
ULAN-BATOR
BANGKOK
PHNOM PENH
JAKARTA
MANILA
PERTH
HONGKONG
KUALA LUMPUR
SINGAPUR
TOKYO
SEOUL
SYDNEY
CANBERRA
MELBOURNE
ALEXANDERPL

Oranienburger
Strasse
Monbijouplatz
Monbijoustrasse
Monbijoupark
Monbijou-Pl.
Rosenthaler Str.
Hackescher Markt
An der Spandauer Brücke
Dircksenstrasse
Münzstr.
Rosa-Luxemburg-Str.
Hackescher Markt
Henriette-Herz-Pl.
Litfass-Pl.
Rochstrasse
Gontard
Bode-Museum
MUSEUMSINSEL
Alte Nationalgalerie
Burgstrasse
Rosen-Str.
BLOCK DER FRAUEN
Karl-Liebknechtstrasse
Fernsehturm
Pergamonmuseum
Spandauer Str.
Am Kupfergraben
NEUES MUSEUM
SPREE
Spandauer Str./ Marienkirche
St-Marien
Bauhofstr.
Am Kupfergraben
James-Simon-Galerie
Altes Museum
Berliner Dom
DDR Museum
Neptunbrunnen
Rotes Rathaus
Spandauer
Humboldt Universität
Deutsches Historisches Museum
Jüden-Str.
Rotes Rathaus
Rathaus-Str.
Neue Wache
Zeughaus
Museuminsel
Grunerstrasse
Str.
Altes Palais
Schloss-brücke
NIKOLAIVIERTEL
Nikolaikirche
Staatsoper Unter den Linden
Humboldt Forum
Schloss-Pl.
Spreeufer
Knoblauchhaus
Kronprinzenpalais
Schlossplatz
Breite
Ephraim-Palais
Forum Fridericianum
Friedrichswerdersche Kirche - Schinkelmuseum
Alte Bibliothek
St. Hedwigs-Kathedrale
Mühlendamm
Französische Str.
Auswärtiges Amt
Galgenhaus
Brüder-Str.
Scharrenstr.
Str.
FISCHERINSEL
Markgrafenstrasse
Jägerstrasse
Kurstrasse
Nicolaihaus
Gertraudenstrasse
Ermelerhau
Taubenstrasse
Hausvogteiplatz
Märkisches Ufer
Unterwasserstr.
Fischerinsel
Niederwallstrasse
Kurstrasse
Neue Rossstr.
Mohrenstrasse
Wallstrasse
Kronenstrasse
Spittelmarkt
N
Leipziger Str.
Seydelstrasse
Neue Grünstr.
Alte Jakobstr.

MUSEUMSINSEL, ALEXANDERPLATZ Y NIKOLAIVIERTEL

0 100 m

DÓNDE COMER
- Cu29 2
- Spreegold 4
- Deponie Nº 3 26
- Ephraim's 32
- Wilhelm Alexander 38
- Mutter Hoppe 47
- Rotisserie Weingrün 49
- Kantine Rotes Haus 65

DÓNDE BEBER
- Sphere 5
- Brauhaus Georgbräu 6

DE COMPRAS
- Walther König 32

SALIR POR LA NOCHE
- Pierre-Boulez-Saal 23

DÓNDE DORMIR
- Alexander Plaza 3
- Motel One Berlin-Hackescher Markt 23

Nikolaiviertel

G4 Cuna de la ciudad, el barrio de San Nicolás fue recreado desde cero en 1987 para el 750° aniversario del nacimiento de Berlín. Esta decisión marcó una creciente toma de conciencia por parte de las autoridades de la RDA de la importancia del patrimonio. Valiosos monumentos históricos como la Iglesia de Altkölln, en la otra orilla del Spree, y las viviendas medievales de la Isla de los pescadores (Fischerinsel) habían sido destruidos en la posguerra para borrar el pasado. Sin embargo, los resultados de esta reconstrucción del viejo Berlín son desiguales, ya que la reproducción no es muy fiel. Las casas, construidas con losas de hormigón, tienen un cierto aire *kitsch*.

Nikolaikirche★

(Iglesia de San Nicolás)

G4 *Nikolaikirchplatz - conciertos de órgano los vi. a las 17:00 h (5 €).*
Construida hacia 1230, la Iglesia de San Nicolás es el monumento más antiguo que se conserva en Berlín. De la basílica románica original solo quedan los cimientos de piedra de la torre y la fachadaoccidental (el coro gótico data de 1380, las naves del siglo XV). El doble campanario neogótico data de 1876-1878.

Comida

¿Nunca has comido en un ayuntamiento? El ayuntamiento de Berlín tiene una cantina en el sótano abierta a todos y no muy cara... ¡**Kantine Rotes Haus**! *pág. 113.*

En la actualidad, la Nikolaikirche alberga una **exposición permanente** *(de 10:00 a 18:00 - 5 €, menores de 18 años gratis)* sobre su historia y los personajes influyentes que fueron sus benefactores o que están enterrados allí. Justo a la entrada, a la izquierda, se encuentra la **capilla funeraria**★ (1725) del ministro prusiano de Finanzas, Johann Andreas von Kraut.

Knoblauchhaus★

(Casa Knoblauch)

G4 *Poststr. 23 - ✆ 030 24002162 - www.stadtmuseum.de - de ma. a do. de 10:00 a 18:00 h.*
La casa de la familia Knoblauch es un elegante edificio rosa pálido del siglo XVIII, modificado en estilo neoclásico en el siglo XIX. Esta residencia burguesa ha sido convertida en museo, lo que brinda la oportunidad de contemplar un interior **biedermeier**, estilo en boga entre 1815 y 1848 que favorecía un mobiliario de discreto encanto, agrupado por diversas actividades: bordado, lectura, música, etc.

Efraín-palais★

(Palacio Ephraim)

G4 *Poststr. 16 - ✆ 030 24002162 - www.stadtmuseum.de - de ma. a do de 10:00 a 18:00 h - 7 €.*
No querrás perderte la hermosa casa esquinera con sus elegantes balcones dorados rococó, construida para el joyero de la corte y director de la casa de la moneda **Veitel-Heine Ephraim**, uno de los pocos judíos que ocuparon un cargo importante en tiempos de Federico el Grande. El palacio (1762-1766), demolido en 1936 para dar paso

La vida bajo las bombas

La capital del Tercer Reich experimentó un aumento de los ataques aéreos a partir de 1943 (*pág. 157*), un terrible descenso a los infiernos. Las mujeres, los niños y los ancianos que se habían quedado en Berlín mientras los hombres luchaban en el frente vivían sin agua ni electricidad, encerrados en la oscuridad de los búnkeres y el ruido ensordecedor de las baterías antiaéreas, buscando comida entre las ruinas, los incendios y la basura. Dos libros dan una idea de las condiciones en que los berlineses sobrevivieron a la guerra: *Solo en Berlín* de Hans Fallada (1893-1947; Maeva Ediciones, 2011), describe de cerca la resistencia antinazi alemana, y el diario de Marta Hillers; *Una mujer en Berlín* (Anagrama, 2013), que da testimonio por primera vez del sufrimiento que siguieron padeciendo las mujeres tras la llegada de las tropas soviéticas: se calcula que se cometieron 100 000 violaciones en Berlín entre abril y septiembre de 1945.

a la ampliación del Mühlendamm, se reconstruyó por completo en 1987, a 12 m de su emplazamiento original. Solo los elementos decorativos son originales. En dos plantas (¡empieza por la segunda!), el palacio alberga una exposición permanente, didáctica pero amena, de la historia de Berlín («Berlin Zeit») en tres idiomas: alemán, inglés y turco. A la entrada, una majestuosa escalera conduce a un salón de baile. Frente al Palacio Ephraim, la fachada amarillo pálido del **Palacio Schwerin** (1704) se alza junto a la **Nueva Casa de la Moneda** construida por los nazis.

Märkisches Ufer★

(Muelle de la Marcha de Brandeburgo)

G-H4 El entorno es encantador: barcazas y barcos amarrados a lo largo del canal, bordeado de casas antiguas y terrazas de cafés. Entre los dos puentes (Inselbrücke y Roßstraßenbrücke) se suceden seis casas burguesas del siglo XVIII y XIX del viejo Berlín. El **Ermelerhaus** 10, es uno de los edificios más antiguos del distrito de Mitte: su fachada neoclásica solo data de 1804, pero la casa ya se menciona en los archivos del siglo XVI

Märkisches Museum★

(Museo de la Marcha de Brandeburgo)

H4 *Am Köllnischen Park 5 - 030 24002162 - www.stadtmuseum.de - en construcción hasta 2028.*

Construido en 1908 por Ludwig Hoffmann, este museo, que reúne objetos relacionados con la historia de Berlín —entre otros tesoros, el **salón de peluquería** con paneles de caoba y lavabos de mármol verde diseñados por Henry van de Velde—, está siendo reestructurado. Junto con el edificio vecino, la Casa de la Marina, renovado por los arquitectos daneses Adept, formará un museo y un centro creativo, el **MuQK**. ¡Un proyecto muy esperado!

Prenzlauer Berg★★

Las tranquilas calles de Prenzlauer Berg, bordeadas de edificios con un encanto claramente centroeuropeo, tienen un ambiente único. Bastión de la cultura alternativa y del compromiso político tras la caída del Muro, el barrio se ha transformado, a medida que se ha ido renovando, en un referente para burgueses bohemios.

▶**Cómo llegar:** U 2 Senefelderplatz, Eberswalder Straße, Schönhauser Allee, U 8 Rosenthalerplatz, Bernauer Straße, S 8 Prenzlauer Allee, Schönhauser Allee.

Plano del barrio págs. 38-39. Mapa extraíble G1, H1-2.

▶**Consejo:** relativamente indemne a los bombardeos, el barrio conserva muchos edificios de la época imperial. ¡Mira hacia arriba para admirarlos!

Nuestras direcciones, págs. 113, 120, 125, 131, 135.

Jüdischer Friedhof Schönhauser Allee★

(Cementerio judío de Schönhauser Allee)

H2 *Schönhauser Allee 23-25 - 030 4419824 - de lu. a ju. de 8:00 a 16:00 h (última entrada a las 15:30 h), vi. de 7:30 a 13:00 h (12:30 h).* La densa vegetación confiere al lugar un profundo encanto. Las sencillas lápidas se alternan con suntuosas tumbas a ambos lados de los pasillos.

Este cementerio se inauguró en 1827, tras el cierre del cementerio de la Große Hamburger Straße (*pág. 37*), aquí están enterrados el compositor Giacomo Meyerbeer (1791-1864), el pintor Max Liebermann (1847-1935) y el editor Leopold Ullstein (1826-1899).

Wasserturm

(Torre de agua)

H2 *Esquina Kolmarer Str./Knaackstr.* El Dicker Hermann, como les gustaba llamarlo a los berlineses, se construyó en 1875-1876. Esta torre de agua de ladrillo fue la sucesora de la primera fábrica de agua de Berlín, construida aquí en 1856 en la antigua Windmühlenberg (la «colina de los molinos de viento»). Una placa recuerda que, en los primeros tiempos del nacionalsocialismo, la torre y la sala de máquinas fueron utilizadas por las SA para torturar a los opositores al régimen. Situada en el corazón de una plaza, en la actualidad alberga alojamientos residenciales.

Synagogue Rykestraße

H2 *Rykestr. 53 - abierta durante los servicios de los sá. (18:00 o 19:00 h).* Esta sinagoga, que celebró su centenario en 2004, es actualmente la más grande de Alemania. Durante la RDA, era la única sinagoga disponible para la pequeña comunidad judía de Berlín Este. El edificio neorromántico de ladrillo, diseñado por el arquitecto **Johann Hoeniger**, sobrevivió milagrosamente a la Noche de los cristales rotos (probablemente porque estaba apartada de la calle) y a los bombardeos.

Museum Pankow

H2 *Prenzlauer Allee 227/228 - ✆ 030 902953917 - de ma. a do. de 10:00 a 18:00 h, cerrado festivos - gratis.* Cerca de la torre del agua, una antigua escuela primaria, construida en 1886, alberga un museo dedicado a la historia del distrito de Pankow y de uno de sus barrios en particular, Prenzlauer Berg, repleto de inmigrantes del Este a finales del siglo XIX. Una exposición permanente recorre el destino de la escuela judía de la Rykestraße hasta su cierre por los nazis en 1941. Además, una interesante serie de **fotografías** (1987-2009) permite comparar las fachadas de la Oderberger Straße antes y después de su restauración.

Kollwitzplatz★

H1-2 Esta plaza, bordeada de fachadas antiguas y rodeada de vegetación, desprende el ambiente típico de Prenzlauer Berg. Los días de mercado está abarrotada de gente. En la plaza, cerca del parque infantil, una estatua rinde homenaje a la artista **Käthe Kollwitz** (1867-1945), cuyas obras hunden sus raíces en el pacifismo y la crítica social (*cuadro pág. 160*).

Husemannstraße

H1 Esta calle fue una de las primeras en restaurarse en 1987, con motivo del 750 aniversario de Berlín. Se limpiaron las fachadas y se instalaron frente a ellas puestos anticuados. Con este gesto, las autoridades de la RDA rehabilitaban el pasado, al tiempo que ponían involuntariamente de relieve el calamitoso estado de las calles vecinas. Desde la caída del Muro, las tiendas se han actualizado.

Kulturbrauerei★

G-H1 *Schönhauser Allee 36-39 - ✆ 030 44352170 - www.kulturbrauerei.de - entrada Knaackstr. 97 o Sredzkistr. 1.* Esta antigua fábrica de cerveza berlinesa (*Schultheiss*), construida entre 1887 y 1891 por el arquitecto **Franz Schwechten** sobre una superficie de 25 000 m², era una de las más grandes de la ciudad antes de su cierre en 1967, y la que presentaba una arquitectura más lograda: con sus arcos y torrecillas,

Nikada/Getty Images Plus

Las calles de Prenzlauer Berg con vistas a la Fernsehturm.

La bohemia

En la posguerra, Prenzlauer Berg se convirtió en un refugio para artistas, estudiantes y todos aquellos que, despreocupados por la comodidad material, querían vivir al margen. Detrás de las fachadas derruidas y en el desorden de los patios traseros, se desarrollaron movimientos artísticos e intelectuales no oficiales. Tras la caída del Muro, el distrito se convirtió en un hervidero de activismo político, cultura alternativa y vida nocturna. Pero la renovación del barrio ha sustituido a sus antiguos residentes por una población diferente, muchos de ellos *wessis* (alemanes occidentales) atraídos por el ambiente bohemio del barrio.

los distintos talleres muestran una auténtica preocupación por la estética. Entre 1998 y 2000 se restauró cuidadosamente todo el recinto: salas de conciertos, restaurantes, un cine, un minimercado y un pequeño espacio de comida ambulante *(de febrero a noviembre, do. de 12:00 a 18:00 h)* han ocupado los locales sin alterar su carácter industrial. Desde 2013, también hay un museo dedicado a la antigua RDA: Alltag in der DDRa *(Knaackstr. 97 - ✆ 030 467777911 - www.hdg.de - de ma. a vi. de 9:00 a 18:00 h, sá. y do. desde as 10:00 h - gratis)*. Más matizado y completo que el DDR-Museum (*pág. 34*), pone de relieve las paradojas de un Estado que soñaba con no tener clases y la vida cotidiana de un pueblo que, para sobrevivir, tenía que ser imuy creativo!

Helmholtzplatz★

H1 Otra de esas plazas tranquilas por las que es famoso Prenzlauer Berg. Fachadas bellamente restauradas, árboles centenarios y cafés comparten el mismo espacio. Los fines de semana, jóvenes y familias acuden a disfrutar del *brunch* en la terraza.

Kastanienalle★

G1 Es la calle emblemática de Prenzlauer Berg, plantada de castaños como su nombre indica, donde muchos de los diseñadores de moda berlineses se instalan entre cafés de moda.

Zionskirche★

(Iglesia de Sión)

G2 *Zionskirchplatz - de lu. a sá. de 14:00 a 18:00 h, do. desde las 12:00 h (hasta las 16:00 h en invierno).*
Construida en el punto más alto de la ciudad, la Iglesia evangélica de Sión tiene el rostro sencillo y amable de una parroquia de pueblo. Azulejos de cerámica roja y ladrillos amarillos juegan con los colores a la sombra de un esbelto campanario *(normalmente accesible los domingos de 12:00 a 16:00 h; 104 escalones - 1 €)*. A sus pies, una plaza rodea el edificio con una cortina de verdor. El pastor **Dietrich Bonhoeffer** ofició en este santuario justo antes de que los nazis llegaran al poder. Más tarde se unió a la Resistencia, fue detenido en 1943 y condenado a muerte en 1945. Una estatua le rinde homenaje en la plaza del lado oeste. En la época del Muro, el presbiterio albergaba

Memorial del Muro de Berlín.

la **Umweltbibliothek**, un centro de estudios sobre la RDA, vigilado de cerca por la Stasi, que puso fin a sus actividades en 1987 y detuvo a varios de sus miembros.

Gedenkstätte Berliner Mauer★★

(Memorial del Muro de Berlín)

F2 *Bernauer Straße 111-119 - ✆ 030 21308512 - www.stiftung-berliner-mauer.de - expo y sitio al aire libre: a diario de 8:00 a 22:00 h - centro de doc.: de ma. a do. de 10:00 a 18:00 h - gratis.*

Inaugurado el 13 de agosto de 2011, cincuenta años después de la construcción del Muro, este memorial ofrece un registro histórico muy interesante de un Berlín dividido: es la última sección del Muro de Berlín que aún se conserva en su totalidad, con un muro interior, paseo de centinelas, torres de vigilancia y «tierra de nadie». Se puede contemplar desde una torre panorámica que alberga un centro de documentación con abundante material de archivo en movimiento (fotografías, grabaciones, películas) sobre las familias que se vieron separadas de la noche a la mañana por el Muro que dividió la ciudad. Justo al lado se encuentra la Capilla de la Reconciliación (Kapelle der Versöhnung), construida en 2000. El sendero conmemorativo, salpicado de paneles explicativos, continúa durante 1,4 km por la Bernauer Straße.

Friedrichshain

Los reyes prusianos trazaron la avenida Unter den Linden como símbolo; para los comunistas, en cambio, era la Stalinallee, rebautizada Karl-Marx-Allee después de 1961. Esta inmensa arteria, de casi 2 km de largo e inspirada en el estilo soviético de los edificios moscovitas, encarna el socialismo triunfante de la antigua RDA. Atraviesa el barrio de Friedrichshain, cuyo carácter obrero recuerda la concentración de solares abandonados y *mietskasernen*. Sus alquileres siguen siendo bastante bajos en comparación con los de Mitte o Prenzlauer Berg, lo que atrae a estudiantes y artistas.

▶**Cómo llegar:** S 3, 5, 7, 75 Warschauer Straße, Ostbahnhof, U 5 Frankfurter Tor, Weberwiese, Strausberger Platz, U 1, 3 Schlesisches Tor, Warschauer Straße.

Mapa extraíble H 2-4.

▶**Consejo:** la mejor manera de descubrir Karl-Marx-Allee es a pie, así que illeva buen calzado!

Nuestras direcciones, págs. 114, 120, 126, 131, 136.

Karl-Marx-Allee ★

H3 Aquí se revela un Berlín diferente. Concebida como un contramodelo de la arquitectura «capitalista» del Oeste y de la avenida Unter den Linden, excesivamente influida por la herencia prusiana, Karl-Marx-Allee atravesó tres fases distintas de desarrollo urbano. Todas estaban guiadas por la misma idea: crear un nuevo tipo de vivienda que rompiera con el modelo de las ***mietskasernen*** (barracones de alquiler) y sus sombrías viviendas con patio. Entre 1949 y 1950 se construyeron edificios de cinco plantas en el lado sur de la avenida, algo ocultos por los árboles (n.os 126-128 y 102-104). Estos edificios funcionales estaban influidos por las teorías de la Bauhaus (*pág. 161*). Desde 1951 hasta los años 60, seis grupos dirigidos por el arquitecto **Hermann Henselmann** (1905-1995) construyeron complejos espectaculares de siete a nueve plantas (un total de 5000 viviendas y 200 comercios). Los edificios, con su base de sillería, están revestidos de azulejos de cerámica. Un éxito estético.

En el n.º 78, la antigua librería Karl-Marx, un edificio protegido, sigue funcionando a veces como salón literario en un edificio que se ajusta a la ortodoxia socialista; en el n.º 72, el Café Sibylle (*030 32665101 - de mi. a do. de 10:00 a 18:00 h*) alberga un centro de información y una pequeña exposición sobre la historia de la Karl-Marx-Allee y la Bauhaus.

Frankfurter Tor ★

En el mapa en H4

Te sobrecogerá el tamaño de Karl-Marx-Allee. En 1954, **Hermann Henselmann**, arquitecto responsable del proyecto de

Good Bye, Lenin!

Treinta y cinco años después de la caída del Muro de Berlín, sigue siendo difícil hacer un balance objetivo de los años 1949-1989, durante los cuales la mitad de Alemania y la mitad de Berlín estuvieron encerradas en la RDA (DDR en alemán). El proceso de reunificación, que se llevó a cabo con gran celeridad, trató muy demasiado rápido de borrar todo rastro de identidad germano-oriental y de conservar únicamente imágenes negativas de estas cuatro décadas, como si la RDA pudiera reducirse al Muro y a la Stasi. Pero la realidad es más compleja, aunque no quepa duda de que la RDA fue un Estado totalitario y ultrarrepresivo. La película ***Good Bye, Lenin!*** de Wolfgang Becker (2003) ha despertado en muchos alemanes del Este una «ostalgie» *(pág. 56)* por su vida pasada. No solo por las canciones de los jóvenes pioneros o los pepinillos de Spreewald, sino también por los aspectos más positivos del Antiguo Régimen (pleno empleo, transporte subvencionado, vivienda segura, igualdad de género). En los distritos orientales de Berlín, esta *ostalgie* afectó a muchos residentes escandalizados por los despidos y la especulación inmobiliaria. ¿Un libro para entender cómo era la RDA? ***Histoire d'un allemand de l'est***, de Maxim Leo (Actes Sud, 2010).

la Karl-Marx-Allee (y de la Casa de los maestros en Alexanderplatz, *pág. 43*), flanqueó los edificios que bordeaban el cruce con dos torres, coronadas con cúpulas que imitaban las de Gontard en el Gendarmenmarkt.

Volkspark Friedrichshain ★

(Parque de Friedrichshain)

H2-3 *Friedensstr., al norte de la Platz der Vereinten Nationen (plaza de las Naciones Unidas).*

Este parque se fundó con motivo del centenario de la subida al trono de Federico II (1840), para servir de pulmón verde a los barrios obreros del este; es uno de los más agradables de la ciudad. Senderos serpenteantes atraviesan esta vasta extensión de bosque y ascienden dos colinas *(bunkerberge)* formadas por los escombros de la guerra, en particular los de los dos búnkeres construidos en el lugar. Las autoridades habían almacenado aquí obras maestras de los museos berlineses, pero en 1945 volaron en pedazos por los bombardeos. A la izquierda de la entrada sur, un cementerio, el **Friedhof der Märzgefallenen**, contiene las tumbas de las víctimas de la revolución de marzo de 1848. Al oeste del parque, la encantadora **Fuente de los cuentos de hadas** (*Märchenbrunnen,* 1913) cuenta con cascadas, mientras que el parque del ocio *(Freizeitpark)* al este, ofrece una amplia gama de actividades: bolos, galería de tiro, escalada, minigolf, ping-pong, voley playa, patinaje en línea (pista de 700 m), tenis, croquet y ajedrez. Tómate un descanso en el *biergarten* del Café Schönbrunn *(de abril a septiembre de lu. a vi. de 15:00 a 23:00 h, sá. desde las 13:00 y do. desde las 12:00 h; cerrado si llueve).*

Auge y declive de la Karl-Marx-Allee

En la época del socialismo triunfante, los desfiles militares, las manifestaciones por la paz y las grandes conmemoraciones se celebraban siempre en la Karl-Marx-Allee. Pero Stalin, en cuyo honor se trazó la avenida, nunca la pisó. Además de su dimensión política, la Karl-Marx-Allee era también un lugar de entretenimiento. Su cine, tiendas y cafés Moskau, Warschau y Bukarest atraían a multitudes. Los residentes de la avenida, ya fueran trabajadores meritorios o influyentes funcionarios del partido, compartían el privilegio de vivir en alojamientos lujosos para la época (el propio arquitecto Henselmann vivió en una de las torres que construyó en Frankfurter Tor). El bulevar cayó en un profundo letargo después de 1989. Abandonado por los jóvenes, que prefieren los bares de la animada Simon-Dach-Straße, ahora solo lo utilizan los residentes, la mayoría jubilados. Hay aquí una cierta «ostalgie», una nostalgia de la antigua RDA.

Stasi Museum★

Fuera del mapa por H3
Magdalenenstraße - Normannenstraße 20 (Haus 1) - ✆ 030 5536854 - www.stasimuseum.de - de lu. a vi. de 10:00 a 18:00 h, sá. y do. desde las 11:00 h - 10 € (audioguía 2 €).

Edificios lúgubres y atmósfera pesada: nos encontramos en el corazón de la antigua sede de la **Stasi**, la temible y maquiavélica policía política, servicio de inteligencia y contraespionaje creado en la RDA en 1950 para perseguir a los opositores al régimen y saberlo todo sobre todo el mundo. Organizada como el KGB, la Stasi —espada y escudo del partido— contaba con una red de 91000 agentes oficiales y 189000 colaboradores extraoficiales. Su edificio n.º 1 (**Haus 1**) se ha convertido en museo. Aquí se pueden ver los despachos inalterados de Erich Mielke, el jefe del departamento, y sus colaboradores más cercanos. No falta nada: micrófonos, unas cámaras, una celda... Algunas escenas de la película *La vida de los otros* se rodaron en estos locales. Una exposición al aire libre frente al edificio recuerda la Revolución Pacífica que condujo a la caída del Muro en 1989 (explicaciones en alemán e inglés).

East Side Gallery ★★

En el mapa H4 *Mühlenstr.* Ⓢ *Ostbahnhof* Ⓤ *Warschauer Straße.*
La otra sección del antiguo Muro tiene una característica especial: fue decorada en 1990 por artistas internacionales. Un fresco de 1300 m de largo (renovado en 2009) representa la división de la ciudad. Entre las escenas famosas está el *Bruderkuss*, el beso socialista entre Honecker y Brezhnev, pintado por **Dmitri Vrubel** a partir de una fotografía del reportero Régis Bossu.
A la derecha de la East Side Gallery, un museo bastante confuso, **The Wall Museum at East Side Gallery** *(Mühlenstr. 78-80 - ✆ 030 94512900 - www.thewallmuseum.com - a diario de 10:00 a 19:00 h - 12,50 €; 10 € online - , menores de 7 años gratis)* recorre la historia del Muro en imágenes y sonido, desde su origen hasta su caída.

Oberbaumbrücke ★

(Puente de Oberbaum)

Fuera del mapa por H4 U *Schlesisches Tor o Warschauer Straße.*
Este puente que une Kreuzberg con Friedrichshain debe su nombre a la presa de peaje hecha con troncos (*Baum*) que se alzaba aquí en el siglo XVIII. Construido en estilo neogótico en 1896, guarda un asombroso parecido con el Tower Bridge de Londres. En la época del Muro, servía de puesto fronterizo entre Occidente y Oriente. Sus torrecillas, frontones y arcos almenados recobraron su esplendor en la década de 1990. La sección central fue diseñada por **Santiago Calatrava** (1994).

Oberbaum city

Fuera del mapa por H4 U *Schlesisches Tor o Warschauer Straße.*
La torre, rematada por un enorme cubo de cristal, es un hito fascinante, sobre todo de noche, cuando se ilumina. A sus pies se encuentra el complejo de oficinas Oberbaumcity, construido en los talleres de producción de lámparas incandescentes de la empresa Osram (conocida como «Narva» en tiempos de la RDA), que cerró sus puertas en 1990. Ochenta empresas de servicios se han instalado en la sucesión de patios interiores, pero en esta pequeña colmena a la que acuden a trabajar cada día 3500 empleados, muchos despachos permanecen aún desocupados.

Una perspectiva alternativa

Dos de las visitas obligadas de Friedrichshain: el **Yaam** y el **Casiopea** unos de los muchos almacenes del complejo industrial RAW. Un cambio de aires garantizado *pág. 131.*

larasik/Getty Images Plus

Oberbaumbrücke.

Sowjetisches Ehrenmal ★

(Monumento soviético)

Fuera del mapa por H5 S *8, 9, 41, 42, 85 Treptower Park, parte sur del parque.*

Este monumento a los miles de soldados del Ejército Rojo caídos en la Segunda Guerra Mundial es sorprendentemente grande. Construido en 1949, presenta una enorme estatua de un héroe, espada en mano, salvando a un niño.

Gendarmenmarkt ★★

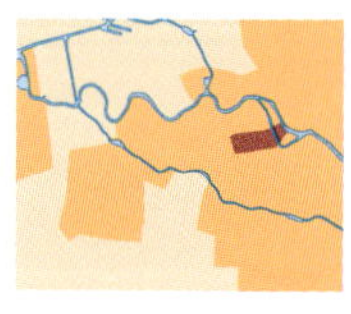

Restaurantes *gourmet*, hoteles chic, ministerios y embajadas: la zona de Gendarmenmarkt suele estar frecuentada por la alta sociedad berlinesa, a la que le gusta comprar en las lujosas *boutiques* de la Friedrichstraße.

▶**Cómo llegar:** U 5 Unter den Linden, U 6 Stadtmitte, Unter den Linden, U 2 Hausvogteiplatz, Stadmitte.

Plano del barrio págs. 26-27. Mapa extraíble F4.

Nuestras direcciones, págs. 114, 120, 127.

Plaza Gendarmenmarkt★★

F4 Las cúpulas de las iglesias francesas y alemanas, una frente a otra, desprenden un aire italiano. El magnífico teatro neoclásico de Schinkel se alza en el centro de la explanada. Los efectos de simetría, el extraño parecido de las iglesias y la elegancia de la arquitectura hacen de esta plaza una de las más agradables de Berlín. Frente a la escalera principal de la Konzerthaus se alza una estatua de mármol de **Schiller** y alegorías de la Historia, la Filosofía, la Poesía lírica y el Drama (1869).

Konzerthaus★★

F4 *Gendarmenmarkt 2 - 030 203092101 - www.konzerthaus.de - visitas guiadas (duración: 75 min), en general los sá. a las 13:00 h - 3 €.*
Este **templo neoclásico** terminado en 1821 es una obra maestra de **Karl Friedrich Schinkel** (*pág. 164*). Fue construido en el emplazamiento del Teatro Nacional que Carl Gotthard Langhans había levantado bajo el reinado de Federico II (de este teatro, destruido por un incendio en 1817, Schinkel solo ha conservado las seis columnas jónicas del pórtico). En el frontón principal, la estatua de Apolo y su carro, obra de Christian Daniel Rauch, recibe a los visitantes, que toman la majestuosa escalera reservada, en aquella época, a los plebeyos. En cuanto a la nobleza, se les dejaba en coches de caballos delante de una entrada especial situada bajo la escalinata. Las estatuas y relieves, que acentúan la elegancia del edificio, fueron esculpidos por **Christian Friedrich Tieck** (1776-1851) a partir de dibujos de Schinkel. Para este proyecto de teatro, que le era especialmente querido, Schinkel se encargó también de la decoración interior, prestando atención a cada detalle. Irremediablemente dañado durante la guerra, el teatro fue reconstruido en un deslumbrante estilo clásico. En 1984, esta institución cultural reabrió sus puertas como Konzerthaus.

Französischer Dom★

(Iglesia francesa)

F4 *Gendarmenmarkt 5 - ✆ 030 52680210 - www.franzoesischer-dom.berlin - de abril a octubre de ma. a do. de 10:30 a 17:30 (hasta las 19:00 h en verano) - entrada a la cúpula: 6,50 € - conciertos de órgano: gratis o 3 € (taquilla de 11:00 a 17:30 h).*

La majestuosa Iglesia francesa situada al norte de la plaza refleja la influencia de la comunidad protestante francesa en Berlín. Se construyó entre 1701 y 1705 siguiendo el modelo de la Iglesia protestante de Charenton-le-Pont, destruida en 1688 tras la revocación del Edicto de Nantes. La preciosa cúpula data de las obras de embellecimiento realizadas en la plaza a finales del siglo XVIII por Karl von Gontard. La figura que corona el campanario simboliza el Triunfo de la Religión. Puedes visitar el **Museo de los hugonotes** *(entrada al este de la cúpula - de ma. a do. de 11:30 a 16:30 h - 6 €)*, que recorre la emigración de los protestantes franceses a Brandeburgo y su contribución a la cultura y la economía prusianas.

Deutscher Dom★

(Iglesia alemana)

F4 *Gendarmenmarkt 1 - ✆ 030 22730431 - de ma. a do. de 10:00 a 18:00 h (de mayo a septiembre hasta las 19:00 h) - gratis.*

La Iglesia alemana se construyó tres años después que la francesa. Diseñado en 1708, el edificio central se basa en una planta pentagonal bastante inusual, que fue ampliamente rediseñada en la década de 1880 en estilo neobarroco. La figura que corona la cúpula, añadida en 1785, representa el Triunfo de la Virtud. Tras la destrucción causada por la guerra, solo se reconstruyeron las fachadas exteriores. En su interior hay una exposición sobre el sistema parlamentario desde 1848 hasta nuestros días.

Friedrichstadtpassagen★

F4 *Friedrichstr. 67-76 - de lu. a vi. de 10:00 a 20:00 h, sá. hasta las 19:00 h.*

Tiendas chic, oficinas con alquileres prohibitivos... Nada parece demasiado bueno para la «calle de la Sed» de antes de la guerra, que hoy presume de lujo ostentoso puesto que se han invertido 2600 millones de euros, casi la mitad en los tres distritos, tres bloques de pisos interconectados entre las calles Französische Straße y Mohrenstraße.

Distrito 207★ - *Friedrichstr. en la esquina de Französische Str.* Este edificio de cristal, diseñado por Jean Nouvel y con un cono gigante cubierto de espejos, fue durante mucho tiempo (1996-2024) una meca de las compras frecuentada por todo Berlín: las Galerías Lafayette. En los próximos años, podría convertirse en la sede de la mayor biblioteca pública de Alemania, la ZLB, demasiado pequeña para sus instalaciones actuales.

Distritos 206★ y 205 - Diseñado por los arquitectos estadounidenses Pei, Cobb, Freed & Partners, el **Distrito 206** sorprende por la noche, cuando la iluminación resalta su arquitectura. El vestíbulo, con su pavimento de marquetería de mármol, se inspira claramente en el Art Déco. El **Barrio 205**, diseñado por **Oswald Mathias Ungers** (1926-2007), es más austero. Está construido en torno a elementos cuadrados de diferentes alturas y colores.

Alrededores del Checkpoint Charlie★

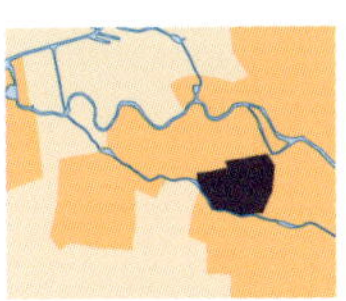

El puesto fronterizo por el que diplomáticos, soldados y extranjeros podían viajar entre Berlín Occidental y Oriental en la época en que el Muro dividía la ciudad en dos es uno de los monumentos más populares de la ciudad. Los alrededores son una ciudad guillermina, con hermosos edificios restaurados que invitan a pasear. Los principales diarios de Berlín, *Tageszeitung*, *Bild* y *Tagesspiegel*, tienen aquí sus oficinas.

▶**Cómo llegar:** U 1, 3, 6 Hallesches Tor, 6 Kochstraße, 1, 2, 3 Gleisdreieck.

Plano del barrio págs. 68-69. Mapa extraíble E6, F5-6-7, G5-6.

Nuestras direcciones, págs. 115, 121, 127.

Checkpoint Charlie★

F5 *Friedrichstr.*

Este lugar está indisolublemente ligado a un importante episodio de la **Guerra Fría**: en octubre de 1961, el mundo contuvo la respiración mientras se enfrentaban tanques soviéticos y estadounidenses. Solo unos metros los separaban. Los retratos gigantes de un soldado estadounidense y otro soviético, obra del artista **Frank Thiel**, evocan ese momento. También se ha instalado una **reproducción** del puesto de guardia. ¿Por qué el Checkpoint Charlie? Los tres puestos de control entre el Este y el Oeste habían recibido nombres en clave: **Alpha**, para el puesto fronterizo entre la RDA y la RFA en Helmstedt; **Bravo**, para el paso entre la RDA y Berlín Oeste en Dreilinden, y **Charlie** para el paso entre Berlín Oeste y Berlín Este.

Mauermuseum - Museum Haus am Checkpoint Charlie★ (Museo del Muro Checkpoint Charlie)

F5 *Friedrichstr. 43-45 - ✆ 030 2537250 - www.mauer-museum.com - a diario de 10:00 a 20:00 h - 17,50 € (solo pago con tarjeta).*

Un pequeño e interesante museo que repasa la épica historia del Muro, con objetos originales, historias de huidas e increíbles cruces del Muro. Al otro lado de la calle, en la entrada de Zimmerstraße, el artista **Yadegar Asisi** ha creado, dentro de una rotonda, un **panorama★** del Muro en el Berlín de los años 80 (*✆ 030 695808601 - www. die-mauer.de - a diario de 10:00 a 18.00 h - 11 €*).

Además, frente al Museo del Muro, puedes visitar la **Black Box Cold War**, una pequeña exposición multimedia que amplía el tema recorriendo las grandes etapas de la

Guerra Fría *(esquina de Friedrichstr. 47 y Zimmerstr. - a diario de 10:00 a 18:00 h - 5 €).*

Museum für Kommunikation ★

(Museo de Correos y Telecomunicaciones)

F5 *Leipziger Straße 16 - ✆ 030 202940 - www.mfk-berlin.de - ♿ - de mi. a vi. de 9:00 a 17:00 h (ma. hasta las 20:00 h), fines de semana y festivos de 10:00 a 18:00 h - cerrado 24, 25 y 31 diciembre - 8 €.*

Este suntuoso palacio guillermino, que albergó el primer museo postal del mundo (1872), explora en dos plantas todas las formas de (tele) comunicación, desde el «silbo gomero» —el lenguaje silbado de Canarias— hasta el WhatsApp y el SMS, pasando por la escritura cuneiforme, la imprenta de Gutenberg y la red neumática. ¡La colección de teléfonos es especialmente impresionante!

Topographie des Terrors★

(Topografía del terror)

F5 *Niederkirchnerstr. 8 - ✆ 030 25450970 - www.topographie.de - interior a diario de 10:00 a 20:00 h; exterior abierto hasta anochecer - cerrado 1 de enero y 24 y 31 de diciembre - gratis.*

Esta exposición al aire libre se encuentra detrás de una sección de **Muro★★**, sobre las ruinas de las **administraciones centrales del Tercer Reich**. Aquí se alojaban la Gestapo, la dirección de las SS *(Reichsführung SS)*, el Servicio de Seguridad de las SS *(Sicherheitsdienst* o SD) y la Oficina Central de Seguridad del Reich *(Reichssicherheitshauptamt)*. La exposición repasa la historia de estos órganos represivos y el destino de los procesados. El centro de documentación también tiene exposiciones temporales.

Martin-Gropius-Bau★★

(Edificio Martin-Gropius)

F5 *Niederkirchnerstr. 7 - ✆ 030 254860 - ♿ - www.berlinerfestspiele.de - de mi. a lu. de 14:00 a 18:00 h - 15 €.*

Diseñado por Martin Gropius (tío abuelo de Walter Gropius, el líder de la Bauhaus (*pág. 161*), este edificio neorrenacentista de forma cúbica (1881) se inspiró en la Academia de Arquitectura de Schinkel y en un principio estaba destinado a albergar el Real Museo de Artes Decorativas. Actualmente alberga grandes exposiciones. Su refinada decoración de cerámica, mosaicos y frisos de piedra recuerda a un palacio italiano. El interior, con su majestuosa sala de columnas, es testimonio de la habilidad de los decoradores prusianos durante la Era de los Fundadores (Gründerzeit, 1848-1873), un periodo de crecimiento económico muy fuerte.

Dokumentationszentrum Flucht Vertreibung Versöhnung ★

F5 *Stresemannstraße 90 - ✆ 030 20629980 - www.flucht-vertreibung-versoehnung.de - de ma. a do. de 10:00 a 19:00 h - gratis.*

Este centro de documentación, recién abierto en 2021, a tiro de piedra de

Checkpoint Charlie.

las ruinas de la estación de ferrocarril de Anhalt (Anhalter Bahnhof) y del futuro Museo del Exilio, pretende contar la dolorosa historia —en alemán e inglés— de los millones de europeos que fueron «desplazados» en el siglo XX. Desde la evacuación de los carelios de la URSS hasta la limpieza étnica de los Balcanes, pasando por las expulsiones de minorías germanófonas: los suabos del Danubio, los gotcheses de Eslovenia... Una exposición conmovedora, enriquecida con numerosos testimonios personales y mapas muy instructivos.

Berlin Story Bunker

F5 *Schöneberger Straße 23a - ✆ 030 26555546 - www.berlinstory.de - de 10:00 a 19:00 h (última entrada a las 17:30 h) - 12 € (solo pago con tarjeta).* Este búnker, comunicado por un pasadizo subterráneo con la vecina estación de Anhalter Bahnhof, se construyó en 1942 para albergar a trabajadores ferroviarios, viajeros y residentes locales en caso de ataques aéreos (en 1945, 12 000 berlineses se apiñaron como sardinas durante semanas). Desde 2017, alberga dos exposiciones permanentes, una de las cuales, la de mayor peso, analiza la vida de Hitler y la barbarie nacionalsocialista, tratando de responder a la pregunta: «¿Cómo se llegó a esto?». La otra ofrece una amplia panorámica de la historia de Berlín. La visita puede durar unas 2 h. Prohibido hacer fotografías.

Liquidrom ★

F6 *Möckernstraße 10 - ✆ 030 258007820 - www.liquidrom-berlin.de - de do. a ju. de 9:00 a 0:00 h, vi. y sá. hasta la 1:00 h - 30 € las 4 h.* Situado en el mismo edificio que la sala de conciertos **Tempodrom**, su decoración mineral tiene todo lo que se puede desear: en una piscina de agua salada (a 34 °C), podrás relajarte con conciertos subacuáticos acompañados de magníficos efectos luminosos. Después del baño, disfruta de una sauna o de un masaje con aceites aromáticos. ¡Un cambio de aires garantizado!

Berlinische Galerie★

(Galería berlinesa)

G5 *Alte-Jakob-Str. 124-128 - ✆ 030 78902600 - www.berlinischegalerie.de - ♿ - de mi.a lu. de 10:00 a 18:00 h - cerrado 24 y 31 de diciembre - 10 €.* La Galería berlinesa, restaurada en 2015, acoge regularmente exposiciones de fotografía, arquitectura y arte moderno y contemporáneo. La colección permanente recorre los grandes momentos creativos de Berlín de 1880 a 1980: la Secesión, los artistas rusos en Berlín y el arte bajo el régimen nazi.

Jüdisches Museum★★★

(Museo judío)

F-G6 *Lindenstr. 9-14 (acceso por el palacio barroco) - ✆ 030 25993300 - www.jmberlin.de - ♿ - a diario de 10:00 a 18:00 h - cerrado las fiestas judías de Rosh Hashaná y Yom Kippur, así como el 24 de diciembre - 10 € (audioguía en español 5 €).* En 1933 se abrió en Berlín un pequeño museo de historia judía en la Oranienburger Straße, pero fue cerrado por los nazis en 1938. Hasta 2001 no abrió sus puertas un nuevo Museo judío. Encargado al arquitecto **Daniel Libeskind**, que llamó a su proyecto «Entre líneas», la construcción juega con un simbolismo muy fuerte: dos líneas en forma de rayo se cruzan y crean espacios vacíos en el edificio, metáforas de la historia judeo-alemana. Una serie de pasillos semisubterráneos, cuya orientación e inclinación crean un efecto de desequilibrio, dan la bienvenida al visitante: la **Achse der Kontinuität★**, que conduce a las colecciones, cruza una calle que lleva al Jardín del exilio, mientras que el segundo eje desemboca en la **Torre del Holocausto★**. Una **escalera★** conduce a la **exposición permanente★★**, que recorre varios siglos de la historia de la comunidad judía en Alemania y también se esfuerza por presentar la cultura judía en todos sus aspectos cotidianos. En 2020, el museo abrió un anexo especial para niños —la **Anoha**— en la acera de enfrente, con un Arca de Noé de madera en su interior *(www.anoha.de - de ma. a vi. de 9:00 a 16:00 h, sá. y do. de 10:00 a 17:00 h - gratis).*

Kreuzberg★★

Kreuzberg, centro de la contracultura del Berlín Occidental en los años 80. Este mito cubre realidades muy diferentes y el barrio tiene de hecho varias caras. Los centros culturales alternativos se codean con la gran comunidad turca de la «pequeña Estambul», mientras que los cafés de moda y las *boutiques* florecen en cada esquina. Con su armada de bares abiertos toda la noche, este es el mejor distrito para salir de fiesta.

▶**Cómo llegar:** U 1, 3, 8 Kottbusser Tor, U 8 Schönleinstraße.

Plano del barrio págs. 68-69. Mapa extraíble F6-7, G5-6, H5-6.

▶**Consejo:** para acortar el trayecto entre «Kotti» (el barrio de Kottbusser Tor, **D2**) y Bergmannstraße **B3**, no dudes en tomar el autobús 140, que da servicio a Prinzenstr. y Gneisenaustr.

Nuestras direcciones, págs. 115, 121, 127, 132, 136.

FHXB-museum★

(Museo de Friedrichshain-Kreuzberg)

H6 - *Adalbertstr. 95a - 030 50585258 - www.fhxb-museum.de - de ma. a ju. de 12:00 a 18:00 h, vi, sá. y do. de 10:00 a 20:00 h - gratis.*

Este pequeño museo de tres plantas recorre la historia del barrio de Kreuzberg, que se fusionó con Friedrichshain en 2001. Las explicaciones están todas en alemán, pero los documentos expuestos —fotos, carteles, maquetas— dan una buena idea del «espíritu» del barrio: la bohemia de los años 60, la vida de las familias inmigrantes, las ocupaciones ilegales y las protestas contra la subida de los alquileres.

Oranienstraße★

H5-6 Esta calle de moda del «Kreuzberg alternativo» está salpicada de cafés, tiendas de ropa, librerías y bazares turcos.

Mariannenplatz★

H5 Esta bonita plaza fue diseñada por el arquitecto paisajista Peter Joseph Lenné a mediados del siglo XIX.

Al norte de la plaza, la **Iglesia evangélica de Santo Tomás** fue construida por Friedrich Adler entre 1864 y 1869. Junto a ella se alza una extraña chabola hecha de retales. Se trata de la famosa «Casa del Muro», construida en los años 70 por un inmigrante turco junto al Muro, en lo que entonces era un descampado. La iglesia, propietaria del terreno, se lo cedió tras la reunificación.

Kunstquartier Bethanien★★

(Barrio de las artes de Betania)

H5 *Mariannenplatz 2 - 030 318731837 - www.kunstquartier-bethanien.de - abierto para exposiciones (en general a diario de 12:00 a 18:00 h) - gratis.*

Mariannenplatz limita al oeste con una **antiguo hospital★★** construido en 1845-1847 por Theodor Stein para la orden de las diaconisas. Abandonado, fue okupado a partir de la década de 1970 y ahora alberga un centro cultura, que ofrece una amplia gama de actividades conservando el carácter experimental de los años de okupación.

Landwehrkanal ★★

G-H6 Los muelles a lo largo del Landwehrkanal en Kottbusserdamm ofrecen agradables paseos a la sombra de los árboles. En el lado este, el **Maybachufer** al borde de Neukölln, se encuentra el mercado turco, donde podrás degustar deliciosos *böreks* (*pág. 74*). Pasea por el lado oeste, a lo largo de las hermosas fachadas de **Planufer**. Justo enfrente se encuentra la Sinagoga ortodoxa de la **Fraenkelufer**, parcialmente destruida por los nazis (solo se conservó un ala), ahora vuelve a utilizarse para el culto. Cruza el canal y sigue hasta los n.os **38 y 44★★ de Fraenkelufer** para admirar los jardines y edificios diseñados por Inken y Hinrich Baller en 1982-1984. Después del puente **Admiralbrücke**, donde se reúnen los jóvenes berlineses en verano, los muelles dan paso a exuberantes riberas verdes. Ideal para un picnic o un paseo.

Graefestraße

H6-7 Esta encantadora calle, bordeada de numerosas terrazas de cafés y minijardines cuidados por los propios residentes, es el escenario perfecto para una pausa diurna.

Bergmannstraße

F7 ¡Un cambio de aires! La Bergmannstraße, con sus bonitas y coloridas fachadas, es la calle emblemática del barrio más elegante de Kreuzberg —el famoso SW 61 (*cuadro abajo*)—, donde encontrarás numerosos cafés y tiendas de moda, así como un acogedor mercado cubierto, el Marheineke Markthalle (*pág. 143*).

Viktoriapark ★

F7 *Kreuzbergstr.*
Este parque de 12 ha se creó a finales del XIX alrededor de una de las colinas más altas de Berlín (66 m). En la cima de la colina se alza el **Monumento Nacional de la Guerras de Liberación★** (National Denkmal für die Befreiungskriege, 1817-1821), una

SO 36 y SW 61, los «dos» Kreuzberg

Durante mucho tiempo, el término «SO 36» se refería a la parte de Kreuzberg situada al noreste del Landwehrkanal, en torno a la Oranienstraße. SO 36, abreviatura de «Südost 36», antiguo código postal del distrito, era antaño una especie de enclave delimitado por tres lados por el Muro y habitado por una población pobre de inmigrantes turcos y «alternativos» de todo tipo. Los residentes de SO 36 se autodenominaban «kleinbürgerlich» (pequeños burgueses) para competir con los de SW 61 («Südwest 61»), la parte suroeste de Kreuzberg, más «kleinbürgerlich». Aunque estos nombres son menos relevantes hoy en día, sigue habiendo una diferencia real entre los «dos» Kreuzberg.

A
RHB

Leipziger Platz
Potsdamer Platz
Potsdamer Platz
Stresemannstrasse
Wilhelmstrasse
Museum für Kommunikation
Stadmitte
Krausenstrasse
Friedrichstr.
Mosseshaus
Schützenstrasse
Zimmerstrasse
Axel-Springer-Str.
Axel Springer
Checkpoint Charlie
Museum Haus am Checkpoint Charlie
Niederkirchnerstr.
Berliner Mauer
Kochstrasse
Rudi-Dutschke-Str.
Oranienstrasse
Tageszeitung
TILLA-DURIEUX PARK
Köthener Str.
Dessauer Str.
Martin-Gropius-Bau
Topografía del Terror
Kochstrasse Checkpoint Charlie
KREUZBERG
Markgrafenstrasse
Lindenstrasse
Linkstrasse
Anhalter Str.
Mendelssohn-Bartholdy-Park
Askanischer Platz
Dokumentationszentrum Flucht Vertreibung Versöhnung
Besselstrasse
Ritterstrasse
Berlin Story Bunker
Anhalter Bhf
Berlinische Galerie
MENDELSSOHN-BARTHOLDY PARK
Schöneberger Str.
Hedemannstrasse
Jüdisches Museum
Liquidrom Tempodrom
Alte Jakobstrasse
Alexandrinenstrasse
Hallesche Str.
Willy-Brandt-Haus
Franz-Klühs-Strasse
Halleschés Ufer
ELISE-TILSE PARK
Möckernstrasse
Ida-Wolff Platz
Lindenstrasse
Gleisdreieck
Möckernbrücke
Hebbel am Ufer
Mehringplatz
Möckern-brücke
Tempelhofer Ufer
Hallesches Tor
Gitschiner Str.
Spectrum
Deutsches Technikmuseum
Obentrautstrasse
Blücherstrasse
MEHRINGDAMM
Möckernstrasse
Grossbeerenstrasse
Mehringdamm
Baruther Str.
Park am Gleisdreieck
Hornstrasse
St Bonifatius
Mittenwalder Str.
Baerwaldstrasse
Yorckstrasse
Riehmers Hofgarten
Gneisenaustrasse
Zossener Str.
Hagelberger Str.
Mehringdamm
Mehringhof
Nostitzstrasse
Gneisenaustrasse
Schleiermacherstr.
Gneisenaustrasse
Kreuzbergstrasse
Bergmannstrasse
Marheineke Markthalle
Katzbachstrasse
Viktoriapark
Bergmannstrasse
Chamissoplatz
Friesenstrasse
Methfesselstrasse
Nationaldenkmal für die Befreiungskriege
Fidicinstrasse
Jüterboger Str.
Platz der Luftbrücke
Schwiebusser Str.
N

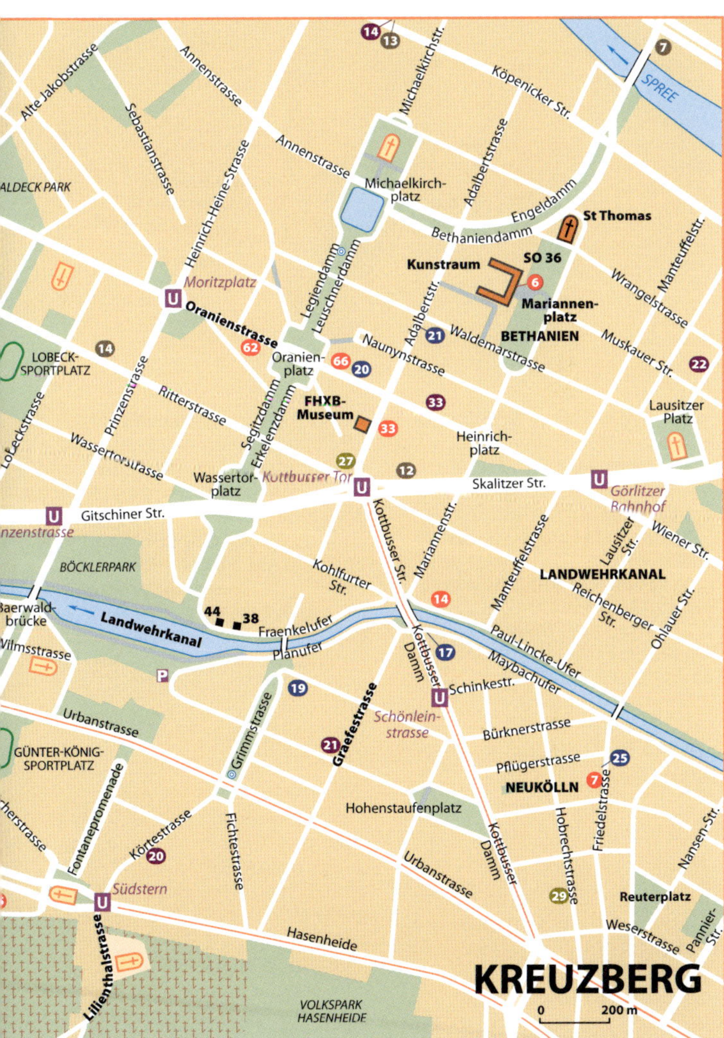

Alte Jakobstrasse
Annenstrasse
Sebastianstrasse
Michaelkirchstr.
Köpenicker Str.
SPREE
Adalbertstrasse
Michaelkirch-platz
ALDECK PARK
Heinrich-Heine-Strasse
Engeldamm
Bethaniendamm
St Thomas
Manteuffelstr.
Kunstraum
SO 36
Moritzplatz
Oranienstrasse
Legiendamm
Leuschnerdamm
Adalbertstr.
Mariannen-platz
Wrangelstrasse
BETHANIEN
Waldemarstrasse
Muskauer Str.
LOBECK-SPORTPLATZ
Oranien-platz
Naunynstrasse
Prinzenstrasse
Ritterstrasse
FHXB-Museum
Lausitzer Platz
Segitzdamm
Erkelenzdamm
Heinrich-platz
Lobeckstrasse
Wassertorstrasse
Wassertor-platz
Kottbusser Tor
Skalitzer Str.
Görlitzer Bahnhof
Gitschiner Str.
nzenstrasse
Kottbusser Str.
Mariannenstr.
Lausitzer Str.
Wiener Str.
BÖCKLERPARK
Kohlfurter Str.
Manteuffelstrasse
LANDWEHRKANAL
Reichenberger Str.
Baerwald-brücke
Landwehrkanal
Fraenkelufer
Planufer
Ohlauer Str.
Vilmsstrasse
Kottbusser Damm
Paul-Lincke-Ufer
Maybachufer
Schinkestr.
Graefestrasse
Urbanstrasse
Grimmstrasse
Schönlein-strasse
Bürknerstrasse
GÜNTER-KÖNIG-SPORTPLATZ
Pflügerstrasse
NEUKÖLLN
Friedelstrasse
Fontanepromenade
Hohenstaufenplatz
herstrasse
Körtestrasse
Fichtestrasse
Urbanstrasse
Kottbusser Damm
Hobrechtstrasse
Nansen-Str.
Südstern
Reuterplatz
Lilienthalstrasse
Hasenheide
Weserstrasse
Pannier-Str.
VOLKSPARK HASENHEIDE
KREUZBERG
0
200 m

DÓNDE COMER
Drei Schwestern 6
Café Katulki 7
Spindler 14
Two Trick Pony 15
Rutz Zollhaus 18
Vapiano 19
Curry 36 25
Hasir 33
Layla 53
Max und Moritz 62
Orania 66

DÓNDE BEBER
Taz-Kantine 16
Ankerklause 17
Eiscafé Isabel 19
Café Luzia 20
Kaffeekirsche 21
Fräulein Frost 25
Dolden Mädel Braugasthaus 36

DE COMPRAS
Frau Tonis 7
Hard Wax 14
Loveco 20
Kadó 21
Markthalle Neun 22
VooStore 33
Mall of Berlin 36

SALIR POR LA NOCHE
Yaam 7
Monarch Club 12
Tresor ....
Ritter Butzke 14
Junction Bar 15

DÓNDE DORMIR
Aletto Potsdamer Platz 7
Comebackpackers Hostel 27
Hüttenpalast 29
Motel One Berlin-Potsdamer Platz 35

aguja gótica diseñada por **Schinkel** (☛ *págs. 155 y 164)* y coronada por una cruz de hierro que dio nombre al barrio (Kreuzberg significa «Monte de la cruz»). Desde lo alto de la colina hay una magnífica **vista★★** de Kreuzberg y, al sur, del complejo de ladrillos de la antigua **cervecería Schultheiss★** (mediados del siglo XIX). Esta empresa, que produce Berliner Weiße (☛ *cuadro pág. 121)*, la cerveza blanca de Berlín, tenía aquí uno de sus centros de producción.

Riehmers Hofgarten ★

(Patios de Riehmer)

F7 *Yorckstr. 83-86/Großbeerenstr. 56-57/Hagelberger Str. 9-12.*

> **De vacaciones**
>
> ¿Hace buen tiempo? Dirígete al **Freischwimmerr**, un restaurante a orillas del agua ideal para tomar una copa o un *Frühstück* en verano. ☛ *pág. 122.*

Tras las fachadas ricamente decoradas y las puertas neorrenacentistas se esconden una serie de tranquilos patios, cada uno con su propia parcela de vegetación. Este gran complejo de unos veinte edificios de cinco plantas, diseñado entre 1880 y 1900 por Wilhelm Riehmer, estaba destinado a la alta burguesía. Justo al lado se encuentra la **Iglesia católica San Bonifacio,** construida por Max Hasak en 1906-1907.

Deutsches Technikmuseum★

(Museo alemán de Técnicas)

EF6 *Trebbiner Str. 9 - ✆ 030 4397340 - www.technikmuseum.berlin - ♿ - de ma. a vi. de 9:00 a 17:30 h, fines de semana de 10:00 a 18:00 h - 12 € - gratis el primer do. de mes - calcula 3 h para la visita.*

Este impresionante museo, ubicado en la antigua estación de mercancías de Anhalt, explora la historia y el funcionamiento de los grandes avances tecnológicos. El edificio nuevo *(Neubau)* está dedicado íntegramente a la aviación y la navegación. El edificio antiguo *(Altbau)* abarca, entre otros campos, las telecomunicaciones, la imprenta y la industria textil, incluida la de la **flor de seda**, introducida por una francesa en 1769 —Madame de Rieux— y muy próspera a finales del siglo XIX (¡en 1896, Berlín contaba con 156 talleres!).

En el edificio antiguo, no te pierdas el **primer ordenador del mundo**, diseñado en Berlín hacia 1930 por el ingeniero Konrad Zuse, y, en la antigua estación, la increíble **colección de locomotoras y carruajes★★** (destaca especialmente el lujoso carruaje que utilizó el Kaiser Guillermo II en 1888).

B. Gardel/hemis.fr

Barrio de Kreuzberg, Club der Visionare a orillas del Landwehrkanal en Flutgraben.

En el parque, el **Spectrum★** ofrece una amplia gama de experimentos sobre las propiedades físicas de la óptica, la electricidad y las ondas.

Park am Gleisdreieck

EF6-7 - U *1, 2, 3 Gleisdreieck - www.parkamgleisdreieck.de.*

Antaño un descampado urbano a tiro de piedra de la Potsdamer Platz y del Museo de Técnicas, atravesado por vías del S-Bahn y rematado por viaductos del U-Bahn, el originalísimo Park am Gleisdreieck ofrece 26 ha de zonas verdes, parques infantiles, un *skatepark*, varios cafés y bares, e incluso una auténtica *brauerei* artesanal que se puede visitar *(1.30 h - 18 € - www.brlo.de).*

Badeschiff ★

Fuera del mapa extraíble H5 - *Eichenstr. 4 (acceso: U 1, 3 Schlesisches Tor + 10 min a pie) - ✆ 030 5332030 - www.arena-berlin.de - de mayo a septiembre a diario de 10:00 a 19:30 h; a veces abierto en invierno - 8 € (reservar visita).*

Además de los parques, Kreuzberg ofrece un descanso relajante en el **Liquidrom** (*pág. 64*) o, más barato, en **Badeschiff** amarrado a orillas del Spree, en el lado de Treptow. Esta antigua embarcación de empuje, convertida en piscina flotante, revive la tradición del baño fluvial a finales del siglo XIX. Una piscina de 32 m de largo y 2 m de profundidad, sin vestuarios, pero con agua caliente y un ambiente muy agradable. Hay sesiones de yoga, masajes, piscina infantil y DJ los fines de semana.

Tempelhof y Neukölln

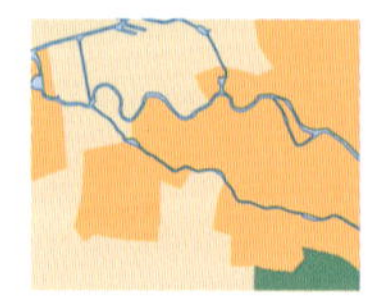

¿Quieres huir de las zonas más masificadas? Dirígete al sur de la capital, donde encontrarás el antiguo aeropuerto de Tempelhof, hoy convertido en parque, y el popular barrio de Neukölln, poco convencional y muy creativo, cuyos 164 000 habitantes proceden de 163 naciones. Babel, que siempre ha acogido a muchos emigrantes (protestantes bohemios en el siglo XVIII, habitantes de zonas rurales durante la era industrial, etc), está experimentando ahora una gran transformación con la llegada de jóvenes *hipsters* y despreocupados. ¡Visítalo ahora antes de que se aburguesen demasiado!

▶**Cómo llegar:** Tempelhof: U 6 Platz der Luftbrücke. Neukölln: U 7 Neukölln, Karl-Marx-Straße, U 8 Schönleinstraße, Hermannplatz, Boddinstraße, S 41, 42 Neukölln BUS M43 entre Platz der Luftbrücke y Boddinstraße.

Mapa extraíble G8.

▶**Consejo:** antes de ir al aeropuerto de Tempelhof, consulta los horarios de las visitas guiadas (en alemán o inglés); si exploras Neukölln un martes o un viernes, no te pierdas el mercado turco Maybachufer, para sumergirte en el corazón de la «pequeña Estambul».

Nuestras direcciones, págs. 116, 122, 128, 136.

Flughafen Tempelhof★

(Aeropuerto de Tempelhof)

F-H8 *Platz der Luftbrücke 5 - U 6 Platz der Luftbrücke - 030 24749888 - gratis - horario de visitas guiadas (2 h, 17,50 €) en www.thf-berlin.de -* ♿

La llanura de Tempelhof fue durante muchos años una zona de desfiles del ejército prusiano, antes de que en 1923 se construyera allí uno de los primeros aeropuertos del mundo. Entre 1936 y 1941, Ernst Sagebiel llevó a cabo grandes transformaciones para convertirlo en un aeropuerto digno de la futura capital nazi: el centro neurálgico de todo el tráfico aéreo de Europa. Construyó un vasto complejo arqueado de 1,3 km de longitud. Visible desde el aire, el complejo es una representación estilizada de un águila con las alas extendidas. Sagebiel corona la terminal con una gigantesca águila imperial de aluminio, una cruz de hierro y cruces gamadas. Solo se conserva la cabeza del águila: la verás en la plaza frente a la terminal. Durante la partición de Alemania, el aeropuerto fue ocupado por los estadounidenses y desempeñó un papel estratégico en el famoso puente aéreo de 1948-1949. Demasiado cerca del centro y demasiado ruinoso, acabó cerrando sus puertas en 2008. Desde entonces, el aeropuerto se

En la pista del antiguo aeropuerto de Tempelhof.

ha convertido en un **parque,** bajo el nombre de Tempelhofer Feld (las pistas atraen ahora a ciclistas, patinadores y voladores de cometas) y también, en el lado este (Oderstraße), ¡en huertos!

Un buen ejemplo de la inventiva que caracteriza a Berlín. En este recinto también se celebran ferias, *technoparties* y desfiles de moda. Disfruta de una vista panorámica del asfalto desde la **THF Tower 360°**, la antigua torre de control *(de mi. a do. de 11:00 a 18:00 h - 6 €).*

Platz der Luftbrücke

(Plaza del puente aéreo)

F8 **U** *6 Platz der Luftbrücke.*

En esta plaza se encuentra un monumento (**Luftbrückendenkmal**) erigido en 1951 para conmemorar el período del bloqueo: una escultura simboliza los tres corredores aéreos establecidos por los aliados y lleva los nombres de los cuarenta pilotos británicos y treinta y uno estadounidenses que perdieron la vida durante las operaciones de repostaje en Berlín Occidental, aislada del resto del mundo por los soviéticos del 24 de junio de 1948 al 12 de mayo de 1949.

Siedlung Neutempelhof

(Ciudad jardín de Neutempelhof)

Fuera del mapa por F8 **U** *6 Paradestraße - Adolf-Scheidt-Platz.*

Construido en la década de 1920, Neutempelhof forma un enclave de campo en la ciudad, con sus pequeñas casas cuidadosamente construidas, cada una con su propio jardín. Se construyeron en el marco del movimiento de las **ciudades jardín** *(Gartenstadtbewegung)*, especialmente productivo en la Alemania de entreguerras.

Rixdorf

Fuera del mapa por H8 U *7 Neukölln o Karl-Marx-Straße.*
En 1737, Federico Guillermo I invitó a ochenta y tres familias protestantes expulsadas de Bohemia a establecerse al norte de Rixdorf y cultivar la tierra. La pequeña colonia fundó aquí un pueblo, Böhmisch-Rixdorf, donde se habló checo hasta la década de 1940. Quedan algunos vestigios de este pueblo: la Iglesia barroca de Belén (al final de Richardplatz), las casas bajas de la encantadora **Kirchgasse★** y la antigua escuela, hoy un pequeño **museo** *(Kirchgasse 5 - www.museumimboehmischendorf.de - ju. de 14:00 a 17:00 h, primer y tercer do. de mes de 12:00 a 14:00 h - 5 €)*. También merece la pena ver **Richardstraße** y su jardín público (Comenius Garten).

Kreuzkölln

H7 U *8 Schönleinstraße.*
Los alrededores de **Reuterplatz**, construidos en la década de 1870 y muy descuidados después de la guerra, son ahora uno de los barrios «de moda» de Berlín. A menudo se le llama **«Kreuzkölln»** porque comparte el mismo destino que su vecino directo, Kreuzberg: multiétnico, pobre y degradado, ha sido tomado en los últimos años por estudiantes y artistas, que han atraído a su paso a, diseñadores y jóvenes *start-ups*. Como resultado, los edificios de la década de 1870 han cobrado nueva vida, pero los alquileres no han dejado de subir desde 2009, para disgusto de los residentes «históricos», un fenómeno similar al que se produjo en el Lower East Side de Nueva York en la década de 1980. Para hacerte una idea del norte de Neukölln, da un paseo por **Sanderstr.**, **Friedelstr.**, **Weserstr.** y **Pannierstr.**, donde cafés ecológicos, talleres de moda y galerías de arte experimental se mezclan con bares de *shisha* y puestos de kebab del **mercado turco★** *(Türkenmarkt, ma. y vi. de 11:00 a 18:30 h)*.

El sabor de Neuköln

Dos lugares estupendos para descansar las piernas: idurante el día, **Isla Coffe;** después de las 16:00-17:00 h, **Klunkerkranich** i! Su terraza en la azotea es realmente especial. *pág. 122.*

Prinzessinnengarten

Fuera de mapa por H8 *Hermannstr. 99-105 -* U *8 Hermannstraße - www.prinzessinnengarten-kollektiv.net - de abril a octubre a diario de 10:00 a 18:00 h.*
Instalada en 2020 en los terrenos del cementerio de St. Jacobi, esta granja urbana y ecológica reinventa el arte de la jardinería (*pág. 166*): aquí crecen verduras y hierbas, en bolsas y cajas. También se puede beber y comer (domingos: *brunch* a la carta).

Potsdamer Platz★★

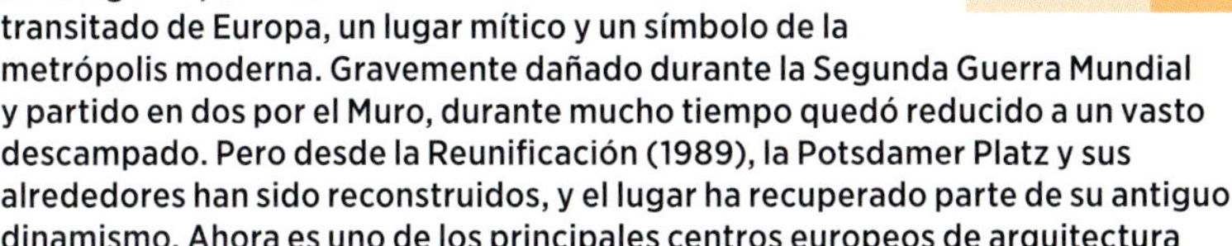

En el siglo XIX, este barrio era el cruce de caminos más transitado de Europa, un lugar mítico y un símbolo de la metrópolis moderna. Gravemente dañado durante la Segunda Guerra Mundial y partido en dos por el Muro, durante mucho tiempo quedó reducido a un vasto descampado. Pero desde la Reunificación (1989), la Potsdamer Platz y sus alrededores han sido reconstruidos, y el lugar ha recuperado parte de su antiguo dinamismo. Ahora es uno de los principales centros europeos de arquitectura moderna y contemporánea.

▶ **Cómo llegar:** S y U Potsdamer Platz, BUS 200 Potsdamer Platz.

Plano del barrio. págs. 76-77. Mapa extraíble E5.

Nuestras direcciones, págs. 116, 128, 136.

Potsdamer Platz★★

E5 Está enmarcada por torres que forman la intersección de distintos distritos. Dos bloques de acero y cristal, diseñados por los arquitectos muniqueses Hilmer y Sattler, marcan las entradas a las estaciones de S-Bahn y U-Bahn. La historia de la Potsdamer Platz no ha sido fácil. En 1989, cuando cayó el Muro, la plaza y sus alrededores se convirtieron en un inmenso descampado de 480 000 m² en pleno centro de la ciudad. Para reconstruirla se recurrió a fondos privados. **Sony**, **DaimlerChrysler**, el **grupo A + T** y el millonario **Otto Beisheim** crearán cada uno «su» distrito. Los debates sobre ello fueron animados: nunca antes en Europa se había adjudicado a inversores privados una zona urbana central de este tamaño. No sin dificultades, se impusieron algunas directrices. El concurso para diseñar la plaza, ganado por los arquitectos **Hilmer** y **Sattler** fijó un límite a la altura de los edificios. Las obras empezaron en 1994, y durante más de diez años la plaza siguió siendo una enorme obra en construcción, en la que trabajaron algunos de los mejores arquitectos del mundo: **Renzo Piano**, **Richard Rogers**... En 2005, una vez finalizadas las obras, nació un nuevo barrio: muy moderno, sin duda, probablemente menos atrevido de lo anunciado, pero quizá más apreciado por los berlineses de lo que las numerosas críticas al proyecto habían hecho esperar (*pág. 159*).

Center Potsdamer Platz★★

E5 Dominado por la **BahnTower**, de veintiséis plantas, que alberga la sede de Deutsche Bahn, el antiguo **Sony Center** es obra (1996-2000) del arquitecto **Helmut Jahn**, autor también de numerosos rascacielos

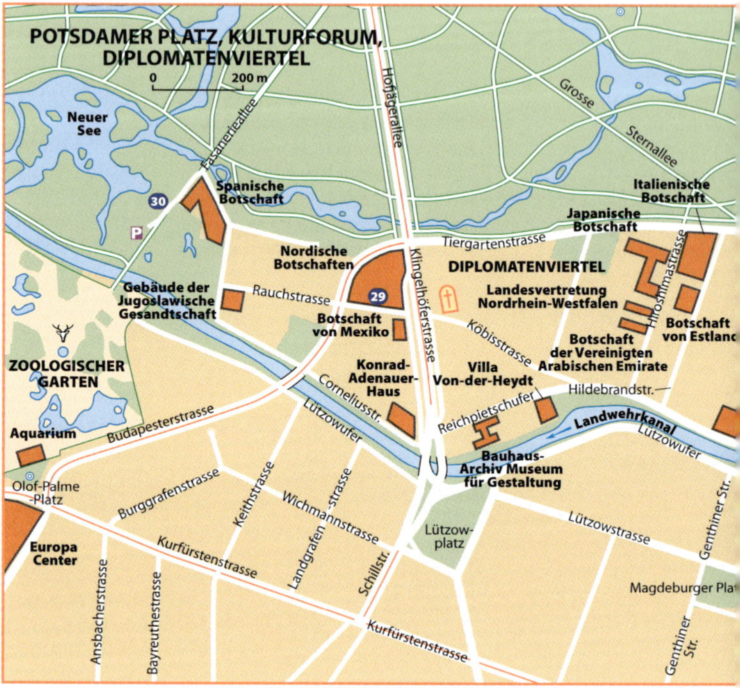

POTSDAMER PLATZ, KULTURFORUM, DIPLOMATENVIERTEL

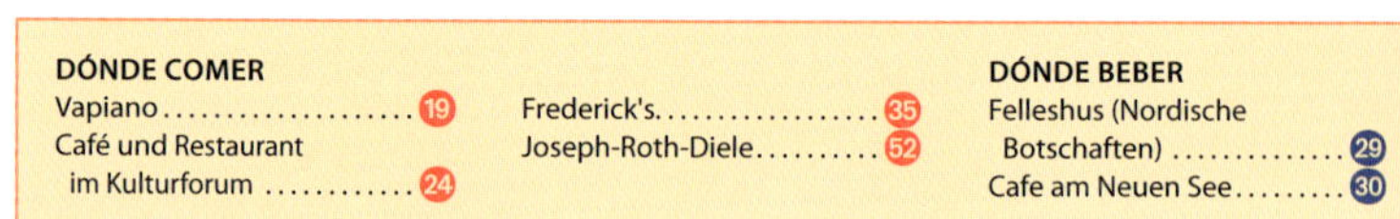

DÓNDE COMER

Vapiano 19
Café und Restaurant im Kulturforum 24
Frederick's.................. 35
Joseph-Roth-Diele.......... 52

DÓNDE BEBER

Felleshus (Nordische Botschaften) 29
Cafe am Neuen See......... 30

en Estados Unidos. En el interior es donde este complejo de acero y hormigón revela sus encantos: una gran plaza de 4000 m² rematada por una espectacular **marquesina★**, una auténtica proeza tecnológica. Los edificios circundantes sostienen un enorme anillo del que emerge un mástil ligeramente inclinado que sostiene un capitel de fibra de vidrio. En la plaza, fíjate en los restos del **Esplanade**, un antiguo hotel de lujo neobarroco. Este se trasladó en 1996 para integrarse en el conjunto.

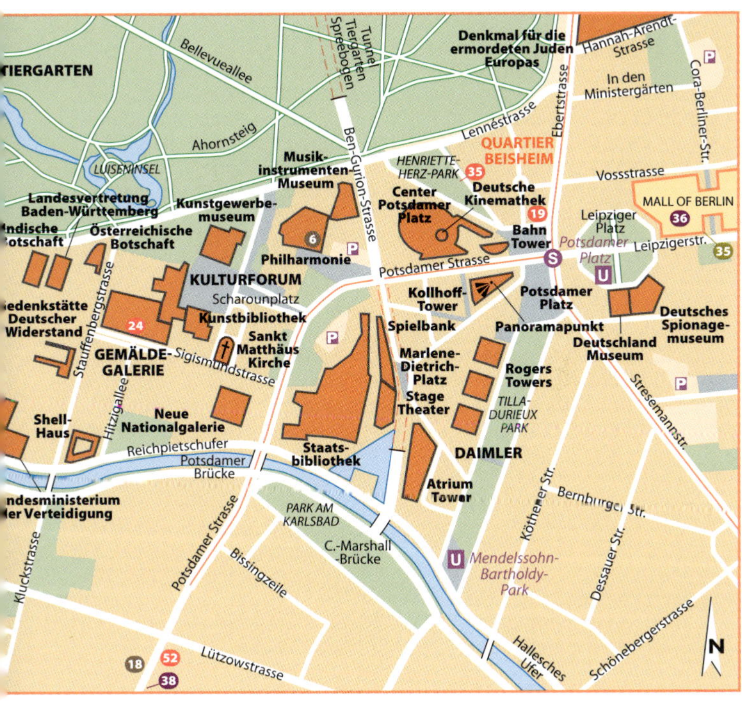

DE COMPRAS

Mall of Berlin 36
Andreas Murkudis 38

SALIR POR LA NOCHE

Philharmonie Berlin 6
Wintergarten Varieté Berlin 18

DÓNDE DORMIR

Motel One Berlin-Potsdamer Platz 35

Deutsche Kinemathek - Museum für Film und Fernsehen ★★

(Museo del Cine)

E5 *En el Center Potsdamer Platz - Potsdamer Str. 2 - ✆ 030 3009030 - www.deutsche-kinemathek.de - ♿ - de mi. a lu. de 10:00 a 18:00 h - cerrado 24 y 25 de diciembre - 9 € (gratis el primer domingo del mes).* Este museo exhibe parte de la extraordinaria colección de la Cinemateca alemana, fundada en 1963 por el director de cine Gerhard Lamprecht. En sus reservas hay nada menos que 26 000 películas y más de un millón de documentos relacionados con el séptimo arte. Por supuesto, el cine alemán ocupa un lugar de honor. Entre los principales objetos de la colección se encuentran fotos de la obra maestra de **Fritz Lang**, *Metrópolis* (1927); una maqueta de *El gabinete del Dr. Caligari* (1919), otra famosa película expresionista de **Robert Wiene**; el vestuario de la actriz y cantante berlinesa **Marlene Dietrich** (1901-1992); y películas de **Leni Riefenstahl**, la controvertida directora de *Olympia*, un documental rodado para los Juegos Olímpicos de 1936. La exposición también detalla los secretos de los efectos especiales y presta especial atención a los numerosos objetos legados por **Marlene Dietrich**.

Barrio Daimler ★

E5 El primer barrio que se construyó en la Potsdamer Platz fue el de la empresa Daimler (en aquella época, DaimlerChrysler), edificado bajo la dirección del arquitecto italiano **Renzo Piano** (el «padre» del Centro Georges-Pompidou de París), con aportaciones de un gran número de arquitectos extranjeros. Entre 1994 y 1998, se levantaron casi veinte edificios en este solar vacío.

Siguiendo la tradición urbanística europea, Renzo Piano diseñó un entramado de calles y plazas y optó por edificios de poca altura y colores terrosos.

El barrio solo consta de dos torres que dan a la Alte Potsdamer Straße. Una es triangular, con fachada de vidrio y terracota alternados, diseñada por el propio Renzo Piano; la otra, de ladrillo, es obra de **Hans Kollhoff**. El edificio de Kollhoff tiene una plataforma en el tejado, el **Panoramapunkt** *(entrada a través de la dirección n.º 1 de alte Potsdamer Str. - ✆ 030 25937080 - www.panoramapunkt.de - a diario de 11:00 a 19:00 h (hasta las 18:00 en invierno) - 9 € - café en el 24º piso)*. A 100 m de altura, ofrece una hermosa vista de la capital, con el Gendarmenmarkt, la Puerta de Brandeburgo, el Reichstag, la Cancillería, el Tiergarten, el Palacio de Bellevue y la Iglesia del Recuerdo de este a oeste.

Marlene Dietrich Platz★ - **E5** En la plaza, **Stage Theatre** y **Spielbank** (casino), construidos por Piano, forman el límite occidental del distrito. En la parte trasera, se encuentra la **Staatsbibliothek**, emblemática del Berlín Occidental de los años 70, a la que las fachadas del teatro y el casino hacen referencia en forma y color.

Atrium Tower★ - **E5** *Eichhornstr. 3.* La Torre Atrium, que fue sede del Grupo **Daimler** hasta 2013 (cuando se conocía como **Torre Debis**), es uno de los edificios más bellos del distrito. El edificio está situado a la altura de la chimenea del túnel del Tiergarten, que destaca por su campanario. Presenta la combinación de terracota y cristal tan apreciada por su diseñador, **Renzo Piano**. El edificio alberga un atrio decorado con obras de arte.

Torres Rogers★★- **E5** *Linkstr. 2-6.* Los tres edificios diseñados por el arquitecto británico **Sir Richard Rogers** son quizá las construcciones más originales del distrito. A la

La Berlinale

Con una treintena de salas de cine, una escuela y un museo dedicados al séptimo arte, el barrio de Potsdamer Platz es el corazón de la Berlinale, el Festival Internacional de Cine que se celebra en Berlín cada mes de febrero. Creado en 1951 por los Aliados como «escaparate del mundo libre», atrae hoy a más de 17 500 especialistas de todo el mundo y a casi 500 000 espectadores. Para la ocasión, el Stage Theater de la plaza Marlene-Dietrich se transforma en el Palacio de la Berlinale, donde se entrega el Oso de Oro («Goldener Bär») a las mejores películas.

derecha, al otro lado del parque, se encuentra el barrio creado por el grupo A & T, un complejo más monótono diseñado por el arquitecto italiano Giorgio Grassi.

Deutsches Spionage Museum ★

(Spymuseum)

F5 *Leipziger Platz 9 - 030 398200451 - www.deutsches-spionagemuseum.de - a diario de 10:00 a 20:00 h - 10/16 € según día y hora.* Este **museo** está dedicado al mundo del **espionaje** particularmente activo durante la Guerra Fría (los estadounidenses tenían una estación de escucha en el Grunewald, los rusos intercambiaban agentes en el puente Glienicke que une Berlín y Potsdam). Las explicaciones solo están en alemán e inglés, pero los objetos hablan por sí solos: el paraguas búlgaro con la aguja envenenada, la regadera con cámara incorporada que el servicio secreto de Alemania del Este dejó tirada en un cementerio para filmar un funeral, etc.

Deutschland Museum

(Museo de Alemania)

F5 *Leipziger Platz 7 - 030 200090300 - www.deutschlandmuseum.de - a diario de 10:00 a 20:00 h - 11/21 € según día y hora.*

Para empaparse de la historia alemana y sus grandes nombres (Lutero, Gutenberg, Goethe, Bismarck) puedes visitar este espacio, que es más una experiencia sensorial que un museo. Los 2000 años de historia se condensan en doce salas y las explicaciones (en alemán e inglés) son a veces un poco cortas, pero la escenografía gustará a los niños, sobre todo la primera secuencia, que les sumerge en la espesura del bosque de las primeras tribus germánicas.

Kulturforum★★

En esta zona muy próxima a la Potsdamer Platz, la construcción del Muro redujo el antiguo barrio residencial, ya muy dañado por la guerra, a un inmenso solar. Mientras la RDA convertía este descampado en «tierra de nadie», Berlín Occidental decidió construir allí, al borde del Muro, un complejo cultural y museístico, llamado Kulturforum, para albergar sus colecciones antes alojadas en el Este.

▶**Cómo llegar:** S y U Potsdamer Platz, BUS 200 Potsdamer Platz.

Plano del barrio págs. 76-77. Mapa extraíble E5.

▶**Consejo:** la llamada «Entrada Kulturforum», de 16 €, adquirida para uno de los museos, es válida también para los demás visitados el mismo día (Pinacoteca, Museo de Artes Decorativas, Gabinete de Grabados).

Nuestras direcciones, págs. 117, 133.

Gemäldegalerie★★★ (Pinacoteca)

E5 *Matthäikirchplatz 4-6 - 030 266424242 - www.smb.museum - ♿ - de ma. a do. de 10:00 a 18:00 h - cerrado lu., 24 y 31 de diciembre - 12 € - audioguía incluida.*

Dividida durante casi cuarenta años entre el Museo Dahlem, en el oeste, y el Museo Bode, en el este, la colección de pintura de Berlín se reunificó en 1998. A pesar de las pérdidas sufridas durante la guerra (400 cuadros destruidos), en la actualidad alberga una de las mejores colecciones del mundo de **pintura europea de los siglos XIII al XVIII**.

Escuelas alemána y escuelas flamencas, de los siglos XIII y XVI *(salas I-VI, armarios 1-7)* - La Gemäldegalerie posee una magnífica colección de obras de los primitivos de las escuelas septentrionales. La *Lamentación de Cristo* de **Hans Baldung Grien★** *(sala III)*, retratos muy bellos de **Albrecht Durero★★** *(salas 2-3)* y algunas pinturas sobre paneles de madera de tilo de **Lucas Cranach el Viejo★★** *(sala III y armario 3)*. Entre los grandes maestros del Renacimiento flamenco, destacan los nombres de **Rogier van der Weyden★** *(Retablo de San Juan* c. 1455, *sala IV)*, **Jan Van Eyck★★** *(Virgen en una iglesia* c. 1440, *armario 4)*, **El Bosco★★** (*La Pasión c.* 1500, *armario 6*) y **Pieter Bruegel el Viejo★★** *(Los Proverbios flamencos,* 1559, *armario 7)*.

Pintura flamenca y pintura holandesa, siglo XVII *(salas VII-XI, armarios 8-19)* - Esta sección incluye varias obras maestras de **Rubens★★** y **Rembrandt★**, y dos encantadores lienzos del pintor más ilustre de Delft, **Vermeer★★** *(La Muchacha del collar de perlas,* c. 1662, *armario 18)*.

Escuelas francesa, inglesa y española, del siglo XVII al XVIII., pintura

italiana del siglo XIII al XVIII *(salas XII-XVIII, armarios 20-41)*. Mientras que las escuelas francesa, inglesa y española están modestamente representadas por Jean-Baptiste **Siméon Chardin**, **Nicolas Poussin★**, **Thomas Gainsborough**, **Zurbarán** y **Velázquez** *(sala XIII)* el resto del ala ofrece un bello panorama de la pintura italiana, en el que destacan obras de **Canaletto★** *(sala XII)*, **Caravaggio★★** *(sala XIV)*, **Tiziano★★** *(sala XVI)*, **Rafael★**, **Botticelli★★** *(sala XVIII)* y **Fra Angelico★★**.

Kunstgewerbemuseum★★

(Museo de Artes Decorativas)

E5 *Matthäikirchplatz - ✆ 030 266424242 - www.smb.museum - de mi. a vi. de 10:00 a 17:00 h, sá. y do. de 11:00 a 18:00 h - cerrado lu., 24 y 31 de diciembre - 10 €.*

El Museo de Artes Decorativas es el más antiguo de Alemania en su género, ya que data de 1881, cuando se alojaba en el Martin-Gropius-Bau (*pág. 62*). La colección ha pasado por distintos emplazamientos, pero en 1985 se trasladó al edificio actual, diseñado por Rolf Gudbrodt. El museo posee una magnífica colección de objetos de plata y cerámica, muebles, que datan desde la Alta Edad Media hasta nuestros días. Entre sus numerosas obras maestras destacan el tesoro de la familia **Guelfes★★** *(Welfenschatz, planta baja)*, que incluye varias piezas excepcionales de orfebrería; el exótico salón del diseñador italiano **Carlo Bugatti★** (Milán, c. 1890) y la **Neuwieder Kabinett★** (c. 1775, *primera planta, sala V)*, una sala delicadamente taraceada en arce y embellecida con bronces dorados, ejemplo del talento del ebanista David Roentgen.

Kunstbibliothek und Kupferstichkabinett★

(Biblioteca de Arte y Gabinete de Grabados)

E5 *Matthäikirchplatz 8 - ✆ 030 266424242 - www.smb.museum - ♿ de mi. a vi. exposiciones de 10:00 a 17:00 h, fines de semana de 11:00 a 18:00 h - cerrado lu. y ma. y 24 y 31 de diciembre y 1 de enero - 10 €.* La Kunstbibliothek es una de las bibliotecas de arte más completas y el Kupferstichkabinett uno de los mejores gabinetes de grabados de Europa, con una colección de 110 000 dibujos

La colección en busca de museo

Tras la construcción del Muro (1961), Berlín Occidental, privada de algunas de sus instituciones culturales, tuvo que encontrar una solución para albergar sus obras de arte. En la periferia oriental de la ciudad, las autoridades encargaron al arquitecto **Hans Scharoun** (1893-1972), que ya había diseñado a finales de los años 20 todo un conjunto de viviendas en Spandau (Siemensstadt), la realización de un ambicioso barrio dedicado a las bellas artes y la música: el Kulturforum. Su sala filarmónica fue un modelo en su época: al situar la orquesta en medio del público revolucionó el concepto de las salas de conciertos.

y acuarelas de los siglos XIV al XX y casi 550 000 grabados desde la Baja Edad Media hasta nuestros días.

Neue Nationalgalerie★★

(Nueva Galería Nacional)

E5 *Potsdamer Str. 50 - ✆ 030 266424242 - www.smb.museum - ♿ - de do. a ma. de 10:00 a 18:00 h (ju. hasta las 20:00 h) - 16 €.*

La Nueva Galería Nacional (1968) es el único edificio público de Berlín diseñado por el arquitecto alemán **Ludwig Mies van der Rohe**, director de la Bauhaus de 1930 a 1933. El **pabellón★★★**, hábilmente renovado (2015-2020) por David Chipperfield, es una auténtica proeza técnica: ocho pilones y paredes de cristal sostienen por sí solos el inmenso artesonado, sin ayuda de ningún muro. El entorno inmediato del edificio está adornado con esculturas de artistas como **Henry Moore**, **Richard Serra** y **Alexandre Calder**.

El museo más antiguo del Kulturforum, la Neue Nationalgalerie, aunque gravemente dañada por los nazis durante su caza del «arte degenerado» *(Entartete Kunst)*, posee una excelente colección de pinturas y esculturas **de principios del siglo XX a los años 60**. Entre los artistas más destacados de la colección figuran Max Beckmann, Ernst Ludwig Kirchner, Oskar Kokoschka y **George Grosz★** *(Los pilares de la sociedad*, 1926).

El edificio Berlin Modern que se está construyendo en las inmediaciones (con los arquitectos: Herzog & de Meuron) albergará la colección de la segunda mitad del siglo XX a partir de 2027.

Philharmonie★★

E5 *Herbert-von-Karajan-Str. 1 - ✆ 030 25488134 - www.berliner-philharmoniker.de - visitas guiadas disponibles (1 h, 10 €) - cerrado del 24 al 26 y 31 de diciembre, 1 de enero, julio y agosto.*

Primer edificio diseñado por **Hans Scharoun** para el Kulturforum entre 1960 y 1963, la Philharmonie es uno de sus hitos. La orquesta que alberga está considerada una de las mejores del mundo, y la mayoría de los directores sueñan con dirigirla en su carrera. Entre 1955 y 1989, **Herbert von Karajan** fue su director musical. Hoy la dirige Kirill Petrenko.

☺ Todos los miércoles a las 13:00 h, de septiembre a junio, hay un almuerzo-concierto en el vestíbulo (el concierto es gratis; el almuerzo, de pago). Las plazas son limitadas, por lo que hay que reservarlas con antelación.

Das kleine Grosz Museum★

E6 *Bülowstr. 18 - ✆ 030 22439634 - www.daskleinegroszmuseum.berlin - de ju. a lu. de 13:00 a 18:00 h - 10 €.*

Inaugurado en 2022, este minimuseo, ubicado en una antigua gasolinera al sur del Kulturforum, rinde homenaje a uno de los máximos exponentes del arte alemán, George Grosz (1893-1959), que emigró a Estados Unidos dos semanas antes de la llegada de Hitler al poder. En las ventanas y en las paredes, numerosas sátiras denuncian a la burguesía adinerada de los años 20, que tan bien se beneficiaba de la inflación galopante mientras miles de veteranos mutilados vivían en la extrema pobreza.

Diplomatenviertel

Este barrio situado junto al Tiergarten estaba repleto de residencias de clase media en los siglos XVIII y XIX. En la década de 1930, Albert Speer, el arquitecto encargado por Hitler de «remodelar» la capital del Tercer Reich, hizo demoler varias de estas lujosas villas y construir embajadas en su lugar. Tras la guerra, el lugar se convirtió en un descampado de edificios en ruinas, pero desde la Reunificación ha sido completamente rehabilitado: nuevos edificios diplomáticos de arquitectura contemporánea se alzan junto a los edificios restaurados del Tercer Reich.

▶**Cómo llegar:** S y U Potsdamer Platz, BUS 200.

Plano del barrio págs. 76-77. Mapa extraíble DE5.

Nuestras direcciones, pág. 122.

Nordische Botschaften★★

(Embajadas nórdicas)

D5 *Rauchstr. 1 - visita Felleshus («casa común»), abierta de 11:00 a 19:00 h, sá. y do. hasta las 16:00 h - conciertos y exposiciones en www.nordischebotschaften.org.* Los cinco países nórdicos (Dinamarca, Finlandia, Islandia, Noruega y Suecia) han abierto un nuevo camino en materia de organización diplomática y arquitectura al fusionar las sedes de sus embajadas en Berlín.

El concepto general del proyecto fue elaborado en el marco de un concurso por la empresa austrofinlandesa **Berger & Parkkinnen Viena**. Una cinta ondulante de bandas flexibles de cobre rodea y unifica el conjunto, que incluye edificios específicos para cada una de las embajadas, diseñados por cinco arquitectos diferentes. Su tamaño y ubicación reflejan las proporciones y la situación geográfica de cada país. ¡Hay una cafetería y una cantina! (*pág. 122*)

Botschaft von Mexiko ★

(Embajada de México)

D5 *Klingelhöferstr. 3.*

La embajada de México fue diseñada por los arquitectos mexicanos **Teodoro González de León** y **Francisco Serrano** entre 1998 y 2000. Se distingue por su fachada de láminas de «hormigón marmóreo», compuesto de cemento blanco y mármol de Turingia, que le confiere un aspecto brillante. El edificio es un logrado diálogo entre la sobriedad deseada por el Berlín de los 90 y una monumentalidad que hunde sus raíces en la historia mexicana.

Konrad-Adenauer-Haus ★

(Sede Central Nacional de la CDU)

D5 *Klingelhöferstr. 8 - 030 220700 - www.cdu.de.*

Inaugurado en 2000, este colosal edificio de cristal —sede nacional del partido político CDU (Christlich Demokratische Union)— fue diseñado por los arquitectos Petzinka, Pink

de_photogra_phi/Getty Images Plus

Embajada de México, diseñada por Teodoro González de León y Francisco Serrano.

& Partner. Sobre un zócalo se eleva un vestíbulo acristalado que forma un jardín de invierno y actúa como regulador de la temperatura y el ruido. A su vez, está integrado en otro edificio de planta similar a la del casco de un barco. Angela Merkel tuvo aquí un despacho en la sexta planta.

Bauhaus-archiv Museum für Gestaltung ★

(Museo de la Bauhaus)

D5 *Klingelhöferstr. 14 - ✆ 030 2540020 - www.bauhaus.de - ♿ - cerrado por renovación hasta 2025 (durante las obras, parte de la colección puede verse, de lu. a sá. de 10:00 a 18:00 h, en n.os 1-2 Knesebeckstraße, U 2 Ernst-Reuter-Platz).*

Este edificio, diseñado por Alexander Cvijanovic entre 1976 y 1979, a partir de planos reelaborados de Walter Gropius (*pág. 161*), es a la vez un centro de investigación y un museo. Su forma sencilla y blanca, adaptada a las necesidades del museo, y sus espacios interiores caracterizados por la sencillez y la luminosidad, son plenamente representativos de las exigencias de la Bauhaus. La colección del museo refleja la diversidad de formas artísticas abordadas por el movimiento (muebles, objetos de artesanía, pintura, arquitectura). La pequeña tienda vende finas reproducciones de algunos de los objetos creados por estos artistas (juegos de café, muebles, cubiertos).

El arte de entreguerras, pág. 160.

Shell-Haus★

E5 *Reichpietschufer 60-62.*
La estructura ondulada y escalonada de la fachada confiere a este edificio (1930-1932) del arquitecto Emil Fahrenkamp un efecto dinámico. Fue uno de los edificios de oficinas más importantes de la República de Weimar y uno de los primeros edificios de Berlín con estructura de acero.

Österreichische Botschaft ★★

(Embajada de Austria)

E5 *Tiergartenstr. 12-14.*
Tres edificios entrelazados simbolizan las distintas funciones de la sede de la embajada. Llama la atención el edificio revestido de placas de cobre. Los planos fueron elaborados por el vanguardista arquitecto austriaco Hans Hollein (1934-2014), entre cuyas obras se encuentra el parque europeo Vulcania, en Auvernia. Un poco más allá se alza la delegación de Baden-Wurtemberg *(Landesvertretung Baden-Württemberg, Tiergartenstraße 15)*, obra del arquitecto Dietrich Bangert (1998-2000), y a tiro de piedra la **embajada de la India**★ *(Indische Botschaft, Tiergartenstr. 16-17)*, diseñada por el estudio alemán Léon-Wohlhage-Wernik, que construyó un complejo; sus losas de piedra roja en relieve proceden de la India.

Gedenkstätte Deutscher Widerstand★

(Memorial de la Resistencia al nacionalsocialismo)

E5 *Stauffenbergstr. 13-14 (entrada por el patio de honor) - BUS M29, parada Gedenkstätte Deutscher Widerstand - ✆ 030 26995000 - www.gdw-berlin.de - ♿ - de lu. a vi de 9:00 a 18:00 h, sá. y do. desde las 10:00 h - cerrado 24, 26, 31 de diciembre y 1 de enero - gratis.*
Durante la Segunda Guerra Mundial, este complejo de edificios albergó el mando supremo del Ejército, operaciones navales y el servicio de contraespionaje de la Wehrmacht. Hoy alberga el **Memorial de la Resistencia al nacionalsocialismo**, porque fue en estas oficinas donde se planeó meticulosamente y en gran secreto el atentado del 20 de julio de 1944, que buscaba derribar el Tercer Reich. La bomba, colocada por el jefe del Estado Mayor Claus von Stauffenberg, explotó efectivamente (en Rastenburgo, en Prusia Oriental), pero Hitler escapó milagrosamente con solo algunas contusiones. Varios conspiradores fueron fusilados en el patio central esa misma noche. La exposición de la segunda planta presenta 5000 documentos que recogen los numerosos actos de resistencia al régimen nazi.

Tiergarten★

En pleno corazón de Berlín, el Tiergarten se considera el pulmón de la ciudad. Con sus 32 km de senderos, sus praderas para tomar el sol y hacer picnics, y sus lagos bordeados de cervecerías al aire libre, convierten este enorme parque en uno de los lugares favoritos de los berlineses.

▶ **Cómo llegar:** S 3, 5, 7, 9 Zoologischer Garten, Tiergarten, Bellevue, U 2 Zoologischer Garten, U 9 Zoologischer Garten, Hansaplatz, BUS 100 + 200 Zoologischer Garten.

Mapa extraíble C4-5, D3-4, E4.

Nuestras direcciones, págs. 122, 128, 133.

Tiergarten ★

C-E4 Este parque de 210 ha situado junto al Kulturforum y la Potsdamer Platz, literalmente «el jardín de los animales», data de 1650, cuando al final de la avenida **Unter den Linden** el coto de caza de los príncipes se convirtió en un santuario de animales. Su transformación en jardín comenzó a finales del siglo XVII, durante el reinado del príncipe elector Federico III. Federico el Grande, que quería hacer el parque accesible a todos, encargó al jardinero de la corte **Justus Ehrenreich Sello** que lo rediseñara (1792). Pronto, los quioscos de música y los columpios se codeaban con los tiovivos y los salones de baile, creando el primer «paseo» de Berlín donde se mezclaban la nobleza y la burguesía. Durante los dos terribles inviernos que siguieron a la Segunda Guerra Mundial, el Tiergarten fue talado por los berlineses en busca de leña. Esto explica por qué los árboles son aún hoy relativamente jóvenes. Las primeras medidas de reforestación se tomaron en 1949, y desde entonces el parque ha vuelto a la vida poco a poco. El Tiergarten no ha perdido ni un ápice del carácter popular que pretendía el elector desde el principio. De 1996 a 2006, la **Love Parade** (*pág. 166*) desfilaba aquí en julio. Hoy en día, los aficionados al fútbol acuden en masa con motivo de la Eurocopa y el Mundial. Más tranquilo, el **Neuer See**★★ situado justo enfrente de la embajada española, es un romántico lago creado por el paisajista **Peter Joseph Lenné** en el siglo XIX. El Café am Neuen See es una amplia cervecería al aire libre de ambiente agradable, muy popular entre los berlineses en verano (*pág. 122*).

Zoologischer Garten★★★ und zoo-aquarium

(Jardín zoológico y acuario)

C5 *Acceso a través de la dirección Löwentor (Hardenbergplatz 8), en frente de la estación, o a través de el Elefantentor (Budapesterstr. 32), frente al Europa Center - 030 254010 - www.zoo-berlin.de - ♿ - marzo y octubre de 9:00 a 18:00 h; de abril a septiembre hasta las 18:30 h; de* *noviembre a febrero hasta las 16:30 h; acuario de 9:00 a 18:00 h - precios online: 16/21 € según hora y día, 24 € la entrada combinada zoo + acuario.*

El **zoo de Berlín** se creó a finales del siglo XVII en la Isla de los Pavos reales de Wannsee (*pág. 107*), antes de trasladarse en 1844 al Zoologischer Garten, un nuevo parque diseñado por el paisajista **Peter Joseph Lenné**. Su riqueza animal —¡19 500 animales!— es asombrosa: casuarios, cóndores y arpías conviven con focas, okapis, castores y pandas. Y algunos de los recintos son especialmente impresionantes, como la nueva casa de las fieras (Das Reich der Jäger). No es raro ver cachorros de león y leopardo. Al lado de elefantentor («Puerta de los Elefantes»), sobre la Budapesterstraße, se encuentra el **Acuario de Berlín**, tan rico como el propio zoo. Enormes tanques permiten estudiar tiburones, rayas y medusas en su respectivo elemento; el invernadero de cocodrilos es especialmente impresionante.

Siegessäule

(Columna de la Victoria)

D4 *Straße des 17. Juni (Großer Stern) - 030 3912961 - de abril a octubre de 9:30 a 18:30 h, fines de semana hasta las 19:00 h; de noviembre a marzo hasta las 17:30 h - cerrado 24 de diciembre - 3,50 €.*

Esta vertiginosa columna se eleva 67 m por encima de los árboles del Tiergarten y ocupa una posición destacada en el centro de la plaza de la Grande-Étoile (Großer Stern), donde convergen cinco avenidas monumentales, ensanchadas bajo el régimen nacionalsocialista. Situada originalmente (1873) frente al Reichstag, fue colocada allí por orden de Hitler en 1938, para marcar con un símbolo fuerte el eje triunfal este-oeste de la futura Alemania nazi (desde Unter den Linden hasta el Palacio de Charlottenburg). La columna celebra las victorias de Prusia sobre Austria (1864), Dinamarca (1866) y Francia (1871). Desde un punto de vista más poético, la grácil diosa de la Victoria, encaramada en su cima y apodada **«Elsa de Oro»** (*Goldelse*), se hizo famosa gracias a la película de Wim Wenders *Las alas del deseo* (1987), en la que sirve de refugio a un ángel melancólico. Sube los 285 escalones y serás recompensado con una **vista** excepcional de la Potsdamer Platz, Moabit (en la orilla opuesta), el barrio de Hansa y Kreuzberg.

Schloss Bellevue

(Castillo de Bellevue)

D4 *No se visita.*

Construido en 1785 en estilo neoclásico por Michael Philipp Boumann, este castillo sirvió como palacio de verano del hermano menor de Federico el Grande, el príncipe Auguste-Ferdinand. Hoy es la residencia oficial del presidente de la República (desde 2017 y reelegido en 2022, Frank-Walter Steinmeier). Detrás del castillo hay un parque de 20 ha, cuya parte oeste-este está trazada en estilo inglés.

Hansaviertel ★

(Barrio Hansa)

D3 Hasta 1944 fue una zona residencial de lujo habitada por ricos industriales. En 1957, la zona fue elegida como

laboratorio de nuevos conceptos de arquitectura moderna. Los pabellones y bloques de pisos (1300 viviendas para 3500 habitantes), rodeados de vegetación, fueron diseñados para la Exposición Internacional de Arquitectura IBA (Internationale Bauausstellung Berlin, también conocida como Interbau) por cincuenta y tres arquitectos de trece países diferentes.

La **Academia de Bellas Artes** (Akademie der Künste, *Hanseatenweg 10 - ✆ 030 200572000 - www.adk.de - de ma. a do. de 11:00 a 19:00 h - cerrado 24 y 31 de diciembre - 9 €; gratis los ma. de 15:00 a 19:00 h* - fue construida por el arquitecto berlinés **Werner Düttmann** —brillante alumno de Hans Scharoun— justo después de la partición de la ciudad. Los berlineses occidentales se vieron privados de la eminente institución cultural que había estado ubicada en la Pariser Platz desde 1902 (*pág. 19*), así que decidieron construir aquí su homólogo.

Otros edificios importantes son los del arquitecto finlandés **Alvar Aalto** (*Klopstockstr. 30-32*), el brasileño **Oscar Niemeyer** (*Altonaer Str. 4-14*), el berlinés nacionalizado estadounidense **Walter Gropius** (*Händelallee 3-9*), fundador de la Bauhaus, y el arquitecto alemán **Egon Eiermann** (*Bartningallee 2-4*).

En la orilla opuesta del río, en Moabit, se encuentra la **Schlange** («serpiente»), un complejo de viviendas curvas de 300 m de largo construido en 1999 para el personal de la Administración Federal. Ante la falta de entusiasmo de los futuros residentes, este complejo de 400 pisos se ha abierto al público.

Haus der Kulturen der Welt★

(Casa las culturas del mundo)

E3-4 *John-Foster-Dulles-Allee 10 - ✆ 030 397870 - www. hkw.de - ♿ - de mi. a lu. de 12:00 a 19:00 h - algunos actos gratis.*

Este antiguo **Palacio de congresos** (Kongreßhalle), conocido cariñosamente como la «ostra preñada» (Schwangere Auster), fue un regalo de los estadounidenses para la Exposición Internacional de Arquitectura Interbau de 1957. Sus atrevidas curvas, impresas por Hugh Stubbins, fueron acogidas con entusiasmo. La estatua de bronce (1956) en medio del estanque es obra de **Henry Moore**. En 1989, el edificio se convirtió en la Casa de las culturas del mundo, acogiendo espectáculos y eventos multiculturales de muy diversos ámbitos: música, cine, teatro y arte, procedentes de todo el mundo, especialmente de Asia, África y América Latina.

Kurfürstendamm★★

Desde 1989, la capital alemana ha recuperado su corazón histórico —Mitte—, pero conservando sus dos centros de la Guerra Fría: Alexanderplatz, al este, y Kurfürstendamm, al oeste, una larga y elegante avenida cariñosamente apodada «Ku'damm» por los berlineses. Esta versión berlinesa de los Campos Elíseos es uno de los destinos de compras más populares de la ciudad. No dudes en pasear por el barrio, entretejido de encantadoras callejuelas, donde cafés, galerías y cines evocan los locos años 20.

▶ **Cómo llegar:** S 3, 5, 7, 9 Savigny Platz, Zoologischer Garten, U 2 Zoologischer Garten, 1, 9 Kurfürstendamm, 1 Uhlandstraße y BUS 100 + 200 Zoologischer Garten, Breitscheidplatz.

Mapa extraíble A6, B5-6, C5-6.

▶ **Consejo:** con la Reunificación, el Ku'damm se ha quedado un poco ignorado, rechazado sobre todo por los jóvenes que prefieren los barrios de moda más al este. No obstante, sobre todo los sábados, sigue siendo una de las principales zonas comerciales de Berlín, y los cafés de los alrededores siguen siendo de visita obligada para la burguesía.

Nuestras direcciones, págs. 117, 123, 129, 133, 137.

Tauentzienstraße

C5 Comúnmente conocida como «Tauentzien», esta concurrida calle comercial, que prolonga la Kurfürstendamm en su extremo oriental, es una de las más caras de todo Berlín (7900 € por m^2).

KaDeWe

(Kaufhaus des Westens)

C6 *Tauentzienstraße 21-24 - de lu. a sá. de 10:00 a 20:00 h (vi. hasta las 21:00 h). (pág. 129).*

Los segundos grandes almacenes más grandes de Europa, después del famoso Harrods londinense. El KaDeWe, con sus siete plantas y 60 000 m^2, fue construido en 1906 por Johann Emil Schaudt. Ampliado y modificado varias veces, se diseñó para atraer a los clientes adinerados de los distritos occidentales, en rápido desarrollo.

La **estación de U-Bahn** de la plaza —Wittenbergplatz— fue construida en 1911-1913 por Alfred Grenander; fíjate en su estilo clásico y no dudes en entrar para admirar los finos detalles. La planta en forma de cruz del edificio servía para orientar a los viajeros en las distintas líneas.

Europa-Center

C5 *Tauentzienstraße 9-12.*

Justo detrás de la Iglesia del Recuerdo, este edificio de 1965 ha dejado su huella en la historia de la arquitectura del oeste de la ciudad. Fue uno de

los primeros rascacielos de Berlín (103 m) y el primer ejemplo moderno de centro comercial cubierto. Centro comercial y de negocios, también alberga restaurantes, cines y un famoso cabaret, **Die Stachelschweine** («Los puercoespines», *pág. 162*). En el patio oeste, la fuente **El reloj del tiempo fluyente** es una obra del artista francés Bernard Gitton. Detrás del Europa Center está la bonita puerta Elephantentor que marca la entrada al **zoo** (*pág. 87*).
La fuente con sus personajes exóticos y esculturas de bronce, en la plaza entre la Iglesia Memorial y el Europa Center, simboliza el globo terráqueo. Los berlineses la llaman simplemente **Wasserklops**.

Kaiser-Wilhelm-Gedächtniskirche ★

(Iglesia del Recuerdo)

C5 *Breitscheidplatz - ✆ 030 2185023 - a diario de 10:00 a 18:00 h - gratis - a menudo conciertos los do. a las 18:00 h; fechas en www.gedaechtniskirche-berlin.de.*
Breitscheidplatz es un popular punto de encuentro de músicos y artistas callejeros, que atrae a turistas y curiosos. En su centro se alza lo que los berlineses han apodado el «diente hueco», la **Kaiser-Wilhelm-Gedächtniskirche** (Iglesia Memorial del Káiser Guillermo I). Construida entre 1891 y 1895 por Franz Schwechten, la iglesia neorrománica estaba dedicada al Kaiser Guillermo I y a la memoria del día de Sedán. Solo se conserva el campanario truncado, ya que el resto fue destruido por los bombardeos. El pórtico de la antigua iglesia conserva mosaicos que ilustran la genealogía de los Hohenzollern. La nueva iglesia y su campanario, obra de **Egon Eiermann** (1959-1961), forman un original conjunto con el vestigio que es uno de los hitos de Berlín. Las **vidrieras★** azules del interior fueron realizadas en Chartres. Detrás de la iglesia se extiende una larga galería comercial: **Bikini Berlin** (*pág. 129*).

Kurfürstendamm ★★

A6, B6, C5 Prestigiosa avenida de 3,5 km de largo y 53 m de ancho, el Kurfürstendamm —una antigua carretera construida en el siglo XVI por Joaquín II— adquirió su aspecto urbano en 1886 bajo el impulso de **Bismarck** que quería hacer de Berlín una ciudad tan brillante como el París de Haussmann. Si paseas por la avenida, aún podrás encontrar algunos bellos edificios que atestiguan este espléndido período (fíjate en particular en los edificios rematados con una cúpula).
Fue sobre todo en los años 20, en sus teatros y cabarets, en sus selectos salones de té y en sus grandes cines, cuando latió el corazón de Ku'damm. Los escritores **Bertolt Brecht** y **Alfred Döblin** (*pág. 164*) frecuentaban sus numerosos cafés. Los artistas **Otto Dix**, **Max Beckmann** y **Georg Grosz** discutieron durante horas. También fue aquí donde una mujer desconocida llamada **Marlene Dietrich**, que pronto se revelaría en *El ángel azul* de Josef von Sternberg (1929), empezó a hacerse un nombre. La primera película sonora alemana se proyectó en el Ku'damm, en el cine Alhambra (1923); en 1926, Josephine Baker prendió

fuego al Nelson (el futuro «cine Astor», que tuvo que cerrar sus puertas en 2002 porque el alquiler era demasiado caro). Tras la Segunda Guerra Mundial, el bombardeado Kurfürstendamm no era más que ruinas. Pero el barrio pronto resurgió para convertirse en el corazón de Berlín Oeste y —a ojos de Berlín Este— en el lujoso escaparate del Occidente capitalista. En un día claro, el bar del nuevo **Upper West** (Motel-One, décimo piso) ofrece **vistas**★ de los distritos céntricos de Berlín.

Kranzler-Eck★ y Neues Kranzler-Eck

C5 *Kurfürstendamm 18.*

El edificio **Kranzler-Eck** (1955) es emblemático de los años de reconstrucción de posguerra. Su cúpula esquinera de hormigón y sus persianas a rayas rojas y blancas albergaron durante mucho tiempo el antaño famoso **Café Kranzler**, que fue sustituido por tiendas (a excepción de un salón de té que aún existe en la rotonda). En 2000-2001 se construyó junto a él un nuevo complejo de cristal y hormigón del arquitecto Helmut Jahn, el **Neues Kranzler-Eck**, que provocó muchas críticas.

Fasanenstraße ★★

C5 Esta calle, famosa por sus *boutiques* de lujo y galerías de arte, da una idea de la primera Kurfürstendamm, bordeada de villas y casas particulares incluso antes de que se construyeran los bloques de viviendas. En la n.º 23, la **Literaturhaus**★★★, una bonita villa con un precioso jardín, es un importante centro de la vida literaria

Para comer con vistas...

... toma el ascensor en **Wintergarten im KaDeWe** y te sentirás como en el séptimo cielo. En **Neni** tendrás vistas al zoo *pág. 117.*

berlinesa. Acoge conferencias, lecturas, exposiciones *(www.literaturhaus-berlin.de)* y alberga el **café Wintergarten**, el lugar perfecto para hacer una pausa (*pág. 123*). Una librería *(Kohlhaas & Co - de lu. a sá. de 10:00 a 18:00 h)* ocupa el sótano. Justo al lado, en el n.º 25, la magnífica villa ecléctica **Grisebach**★★ es ahora una reputada casa de subastas *(de lu. a vi. de 10:00 a 18:30 h, sá. de 11:00 a 16:00 h - www.grisebach.com).*

Ludwig-Erhard-Haus ★★

C5 *Fasanenstr. 85.*

Detrás del Delphi Filmpalast (*enfrente*) se encuentra **Ludwig-Erhard-Haus**, un moderno edificio terminado en 1998 que alberga la Cámara de Comercio e Industria (Industrie-und Handelskammer Berlin o IHK) y la Bolsa de Berlín. El arquitecto británico **Nicholas Grimshaw**, conocido la estación londinense de Waterloo, fue el responsable de este sorprendente edificio, cuya silueta recuerda a la de un armadillo. Los quince arcos que sostienen el tejado y las plantas de oficinas tienen diferentes dimensiones para adaptar la estructura al terreno.

Kant-Dreieck

C5 *Fasanenstr. 81/Kantstr. 155.*

Esta asombrosa torre (1995), rematada

por una vela metálica que se asemeja a la aleta de un tiburón, es obra de **Josef Paul Kleihues**. Fue una de las primeras torres de oficinas que se construyeron en el centro oeste de la ciudad. La enorme vela puede agitarse con vientos fuertes.

Museum für Fotografie - Helmut Newton Foundation★

(Museo de la Fotografía - Fundación Helmut Newton)

C5 *Jebensstr. 2 - ✆ 030 31864825 - www.helmut-newton.de - ♿ - de ma. a do. de 11:00 a 19:00 h, ju. hasta las 20:00 h - 12 €.* Considerado uno de los más eminentes fotógrafos de moda, **Helmut Newton** ha trabajado para revistas como *Elle* y *Vogue* y dejó su impronta en la prensa con sus fotografías glamurosas y sensuales. Poco antes de su muerte, en 2004, donó parte de su obra a su ciudad natal, que ahora organiza regularmente exposiciones temporales. Huyó de Berlín en 1938. Se llamaba Helmut Neustädter.

Theater des Westens★★

(Teatro del Oeste)

C5 *Kantstr. 12 - ✆ 040 555558844 - www.stage-entertainment.de - taquilla: ✆ 018 054444.* Este teatro (1895-1896) es un ejemplo típico de la arquitectura ecléctica de finales del siglo XIX, que combina estilos clásicos —para la fachada, por ejemplo— y neogóticos —en la parte trasera del edificio, entramados de madera y ladrillos rojos remiten a un burgo medieval—. La entrada, ahora en la calle, estaba originalmente frente a la entrada de lo que hoy es el **Delphi Filmpalast**, uno de los grandes cines de finales de los años 40, que entonces tenía 1200 butacas pero ahora solo tiene 725. En el sótano del edificio ha abierto sus puertas un legendario club de jazz, el Quasimodo Berlin (*pág. 133*), que ha acogido y sigue acogiendo a los más grandes nombres del jazz.

Savignyplatz★

B5 Es una de las plazas más bonitas de Berlín. Construida a principios de los años 20, se encuentra en el corazón de un barrio donde se reunían artistas e intelectuales occidentales antes de la Reunificación. Sigue siendo muy popular por sus tiendas, cafés y restaurantes, que también se pueden encontrar en las callejuelas que la rodean.

Al suroeste de la plaza, los **S-Bahn-Bögen** («soportales del S-Bahn») son un símbolo de la tradición berlinesa. Albergan tiendas, cafés y librerías que tienen una cosa en común: ¡están jalonados por el paso de los trenes del S-Bahn justo por encima de ellos!

Charlottenburg★★★

Residencia de verano de los Hohenzollern, la familia imperial que gobernó Brandeburgo y Prusia entre los siglos XIV y XIX, el Palacio de Charlottenburg es uno de los conjuntos arquitectónicos más bellos de Berlín. Sus pisos barrocos y rococó, rodeados de jardines ingleses y franceses, forman un magnífico escenario, con varios museos de interés. Descubre tres siglos de historia de la corte prusiana.

▶ **Cómo llegar:** S 41, 42, 46 Westend U *7* Richard-Wagner-Platz, 2 Sophie-Charlotte-Platz, BUS 109 Luisenplatz, 309 Schloss Charlottenburg.

Mapa extraíble A2-4.

▶ **Consejo:** el «Charlottenburg + Ticket» de 19 €, adquirido en uno de los museos, también es válido en todos los demás lugares de Charlottenburg. Atención: ¡está muy concurrido en verano! Prevé llegar pronto.

Nuestras direcciones, págs. 118, 133.

Schloss Charlottenburg ★★

(Castillo de Charlottenburg)

A3 *Spandauer Damm 10-22 - 030 320910 - www.spsg.de.*

El palacio de Charlottenburg fue originalmente el retiro favorito de la reina Sofía Carlota, esposa de Federico I, que fundó la Sociedad de Ciencias con el filósofo Leibniz en 1700. Tras su temprana muerte en 1705, el Palacio de Liezenburg pasó a llamarse Charlottenburg en su honor.

Altes Schloss★★

(Castillo Viejo)

Pabellón central del castillo - 030 320910 - www.spsg.de - de ma. a do. de 10.00 a 17:30 h (hasta las 16:30 h de noviembre a marzo) - 12 €.

Los pisos de la planta baja son la parte más antigua del castillo. Aquí puedes visitar los **apartamentos mecklemburgueses** (tres pequeñas habitaciones tapizadas con colgaduras de colores cálidos y notables puertas de madera tallada), los **salones de Estado** (con los salones de recepción oficiales y los aposentos privados del rey y de la reina), las **salas de porcelana★★** (diseñadas por Federico I, que las coleccionaba con pasión) y la **capilla del castillo★** (construida en 1706 y ricamente decorada). La primera planta del edificio principal alberga los **antiguos pisos de Federico Guillermo IV** (hermosa **vista★** del jardín).Fue el último soberano de los Hohenzollern quien residió regularmente en Charlottenburg, hasta su muerte en 1861. Sus antiguos apartamentos están decorados con muebles y obras de arte procedentes de los palacios de Berlín y Potsdam que evocan la **historia de la monarquía prusiana**. Observa la porcelana de la Manufactura Real («KPM») y la plata de la corte de los Hohenzollern en el **Gabinete de plata** (Silberkammer). Lo más destacado de la exposición es el **servicio de mesa del príncipe heredero★★** (Kronprinzsilber): esta obra maestra de la artesanía alemana de los años 20 fue donada por 414 ciudades prusianas con motivo de la boda del príncipe Guillermo con la duquesa Cécile de Mecklemburgo-Schwerin, en 1904. El servicio, terminado en 1914, nunca fue usado por la pareja.

El Gabinete de la corona alberga los restos del tesoro real de Prusia: un casco funerario (1688, hecho para el entierro del Gran Elector), la espada del elector de Brandeburgo, el cetro de águila de Federico I (el cuerpo del águila es un rubí donado por el zar Pedro el Grande) y los restos de las coronas reales de Federico I y Sofía-Carlota.

Neuer Flügel ★★

(Nueva ala)

Al este del Castillo Viejo - ✆ 030 320910 - ♿ - de ma. a do. de 10:00 a 17:30 h (hasta las 16:30 h de noviembre a marzo) - 12 € (audioguía incluida).

La visita comienza en la parte izquierda de la primera planta, con los **apartamentos de Federico el Grande**, incluido el **salón blanco** de estilo rococó (a la vez sala del trono y comedor) y la exuberante **Golden Gallery★★** (un salón de baile ricamente decorado). Las siguientes estancias albergan una colección de pintura francesa del siglo XVIII reunida por el soberano, entre las que destacan importantes obras de **Watteau★★** *(Peregrinación a la Isla de Citera)*.

La visita continúa en las **cámaras de invierno★**, con la increíble **decoración floral en estampado★** de la India de la sala 348 (Ostindisches Zitzzimmer) y el sutil **dormitorio de la reina Luisa★,** primer diseño del joven arquitecto **Schinkel** *(☞ pág. 164)* para la familia real.

Bajando la escalera, se llega a los **pisos de Federico Guillermo II y III**, muy reformados. Una habitación alberga una maqueta y representaciones del **Castillo de Berlín**, destruido por las autoridades de Alemania Oriental en 1950-1951 *(☞ pág. 35)*. En los pisos al lado del jardín, no te pierdas el **comedor★** (sala 320), decorado en 1820 con papel pintado chino.

Las demás salas contienen numerosos cuadros de maestros adquiridos por Federico Guillermo III, deseoso de alentar a los pintores alemanes. Una notable excepción, sin embargo, es la última sala, que contiene varias obras francesas, entre ellas: **Napoleón cruzando los Alpes★★** (1800), uno de los cuadros más famosos de Jacques Louis David; y de François Gérard, *Napoleón Emperador*. Estas pinturas fueron traídas a Berlín como botín de guerra por el general prusiano Leberecht von Blücher, enemigo jurado de los franceses, que comandaba el ejército prusiano en la batalla de Waterloo.

Schlossgarten ★★

(Parque del castillo)

A2-3 *Spandauer Damm - ✆ 030 320910 - de 8:00 al anochecer - gratis.*

La reina Sofía Carlota había visitado

los jardines de **Le Nôtre** en Francia, que le habían causado una gran impresión. En 1697, **Siméon Godeau**, alumno de Le Nôtre, diseñó el Parque de Charlottenburg, aplicando la estricta geometría del jardín. Destruido por los bombardeos, el jardín fue remodelado después de la guerra en una combinación original: restaurado según los cánones del jardín francés en el centroy con la estructura de jardín inglés a su alrededor.

Neuer Pavillon ★ (Schinkel-Pavillon)

✆ 030 320910 - de abril a octubre de 13:00 a 17:00 h; de noviembre a mazo hasta las 15:30 h - cerrado lu. - 4 €. El interior de esta **residencia de verano** (1825) de Federico Guillermo III, renovado en 2011, es emblemática de la tendencia **Biedermeier** de la primera mitad del siglo XIX: sobria, cómoda y modesta, lo que resulta sorprendente para la residencia de un rey. Destaca la elegante serie de sillas de estilo antiguo diseñadas por **Schinkel** y, en la sala 23, las obras del pintor **Caspar David Friedrich** (1774-1840).

Belvedere ★

✆ 030 320910 - actualmente cerrado por reformas (horario normal: de abril a octubre, de ma. a do. de 10:00 a 17:30 h - 4 €). El Belvedere (1789-1790), diseñado por **Carl Gotthard Langhans**, era la «casa de té» de Federico Guillermo II, a quien le gustaba celebrar aquí reuniones de espiritismo de vez en cuando. Su fachada, en tonos pastel y blanco, presenta una nueva sencillez que se aleja de la arquitectura rococó y anuncia el neoclasicismo. El Belvedere alberga un pequeño **museo★** de la Real Fábrica de Porcelana de Berlín («KPM»), que ilustra la historia de la porcelana berlinesa de los siglos XVIII y XIX.

Mausoleo ★

✆ 030 320910 - de ma. a do. de 10:00 a 17:30 h (cerrado de noviembre a marzo) - 3 €. La reina Luisa estaba vinculada a la finca de Charlottenburg. Cuando murió, su inconsolable marido, Federico Guillermo III, decidió construir allí un mausoleo, que posteriormente se amplió varias veces para acoger a otros miembros de la familia Hohenzollern. En su interior, la **tumba de la reina Luisa★** en mármol de Carrara hizo famoso inmediatamente a su creador, **Christian Daniel Rauch** (1777-1857). El modelado fluido y sugerente del mármol, la pose natural y poco convencional de la soberana y la belleza de las manos, el rostro y los drapeados contrastan con la rigidez de las figuras yacentes de Guillermo I y su esposa Augusta.

Offiziers-Kasernen der Gardes du corps (Cuarteles del regimiento de la Guardia *de corps*)

Los dos edificios situados a la entrada de la Schloßstraße (n.os 1 y 70) fueron diseñados entre 1851 y 1859 por **Friedrich August Stüler** para el regimiento de los guardias *de corps*, la antigua Guardia Real. Ambos están rematados con linternas en forma de pequeñas rotondas de templos antiguos que recuerdan la cúpula del Palacio de Charlottenburg y subrayan la posición central de la Schloßstraße. Hoy, estos antiguos cuarteles albergan el **Museo Berggruen** y la colección Scharf-Gerstenberg.

Bröhan-Museum★

A4 *Schlosstr. 1a - ✆ 030 32690600 - www.broehan-museum.de - ♿ de ma. a do. de 10:00 a 18:00 h - cerrado 24 y 31 de diciembre y lu. de Pentecostés - 8 €, gratis primer do. de mes.*

Este museo alberga una rica colección de artes decorativas que abarca un rico período: los años 1889-1939, con el jugendstil y los primeros ejemplos de diseño moderno. Reunida por **Karl H. Bröhan** (1921-2000), que la donó a la ciudad de Berlín en 1981, lamentablemente solo puede verse en parte, entre dos exposiciones temporales. Destacan los **jarrones Art Nouveau★**, diseñados por Émile Gallé y los hermanos Daum de Nancy, así como muebles de Guimard y Majorelle. También hay un cuadro muy bello de **Walter Leistikow** (El puerto★, 1895) y, expuestos en las vitrinas del entresuelo de la tercera planta, objetos que representan las distintas tendencias del *art decó* alemán.

Museum Berggruen★

(Museo Berggruen)

A4 *Schlossstr. 1 -t 030 266424242 - www.smb.museum - ♿ - reabrirá en 2025 (horario antes de la renovación: de ma. a vi. de 10:00 a 18:00 h, sá. y do. desde las 11:00 h) - 10 €.*

La colección del antiguo marchante de arte parisino **Heinz Berggruen** se compone principalmente de obras de Pablo Picasso. Están representados todos los aspectos de su obra: pinturas (*El jersey amarillo*, 1939; *Dora Maar con uñas verdes, 1936*), esculturas (*Cabeza de mujer*, 1909), dibujos y témperas. También hay dibujos de Cézanne, Van Gogh, Matisse, Braque, Laurens y Giacometti, así como varias obras maestras del arte africano. La importante colección **Paul Klee★★** (más de cincuenta obras), a la que Heinz Berggruen tenía especial cariño, ocupa por sí sola dos plantas del ala oeste.

Käthe-Kollwitz Museum ★

A3 *Theaterbau, Spandauer Damm 10 - ✆ 030 8825210 - www.kaethe-kollwitz.berlin - a diario de 11:00 a 18:00 h - 7 €.*

Desde otoño de 2022, el teatro del Palacio de Charlottenburg alberga un museo dedicado íntegramente a **Käthe Kollwitz** (1867-1945), talentosa artista expresionista berlinesa que mostró un gran compromiso social en todas sus pinturas, grabados y esculturas. Sus obras, impactantes y sombrías, expresan el dolor de una mujer ante la miseria de las clases sociales desfavorecidas y los estragos de la guerra (*cuadro pág. 160*). Procede de la colección de Hans Pels-Leusden, amante del arte y marchante que fundó la casa de subastas Grisebach (*pág. 94*).

Dahlem★

Su estación de metro con tejados de paja y entramado de madera le da un aire rural. Sin embargo, este suburbio residencial al suroeste del Ku'damm, al borde del bosque de Grunewald, esconde en la vegetación circundante un complejo de dos museos que invitan a un maravilloso viaje por la cultura europea (MEK) y el expresionismo alemán (Brücke-Museum).

▶**Cómo llegar:** U 3 Dahlem-Dorf, BUS X83 Dahlem-Dorf, 110 Domäne Dahlem.
▶**Bicicleta:** partiendo de Dahlem-Dorf, un carril bici de 18 km, la Ruta de Dahlem, une los principales lugares del suroeste de Berlín en 1:30 h. Descárgate la ruta en www.tourismus-suedwest.berlin/natur/radrouten-suedwest.

Mapa extraíble Fuera del mapa por A8.
▶**Consejo:** 30 min para llegar a Dahlem-Dorf desde Potsdamer Platz y una hora para visitar el MEK.

Botanischer Garten

(Jardín Botánico)

Fuera del mapa por A8 *Königin-Luise-Str. 6-8 - ✆ 030 83850100 - www.bo.berlin - de 9:00 a 20:00 h (invernaderos hasta las 18:30 h; museo: cerrado hasta 2026) - 6 €.* Una pequeña jungla te espera no muy lejos de la estación de metro de Dahlem-Dorf: el «Bo», como se conoce hoy a este jardín botánico, es uno de los más grandes de Europa, con 22 000 especies diferentes de plantas en quince invernaderos. No te pierdas el nenúfar gigante de la Victoria Haus, el invernadero de los Trópicos y la Welwitschia, un raro arbusto endémico del desierto de Namibia.

Museum Europäischer Kulturen★

(Museo de las culturas europeas)

Fuera del mapa por A8 *Arnimallee 25 - ✆ 030 266424242 - www.smb.museum - vi. de 10:00 a 17:00 h, sá. y do. de 11:00 a 18:00 h - cerrado 24 y 31 de diciembre - 10 €.*
Hasta 2016, este vasto complejo museístico, conocido como Museen Dahlem, estaba dedicado a la **etnografía** y las **artes fuera de Europa** (América Central, África, Islam, Extremo Oriente).
Estos fabulosos tesoros se trasladaron al Foro Humboldt (*pág. 35*). El MEK, fundado en 1999, dispone ahora de un amplio espacio en el que exponer su riquísima colección centrada en las **culturas europeas** (280 000 objetos, divididos por temas o grupos étnicos). De momento, solo podrás ver una pequeña parte, expuesta en torno a un eje particular: la cuestión de las identidades locales frente a la emergencia de una cultura global. Las obras —una góndola veneciana, una **máscara★** de la región de Salzburgo, un armario sueco de madera pintada— dan testimonio

de las especificidades regionales, pero también, en algunos casos, del mestizaje cultural. La pieza más llamativa es la **cuna de Navidad mecánica★** de Sajonia (1885), diseñada en estilo orientalista por Max Vogel en 1885 y compuesta por 328 figuritas, muchas de ellas móviles. Es la única cuna de este tipo conservada fuera de los montes Metálicos.

Brücke-Museum★★

(Museo del movimiento Die Brücke)

Fuera del mapa por A8 *Bussardsteig 9 - BUS 115, parada Pücklerstraße (tomar la Pücklerstr. hacia el oeste, después la primera a la izquierda, Fohlenweg, y la primera a la derecha) - ☎ 030 83900860 - www.bruecke-museum.de - de mi. a lu. de 11:00 a 17:00 h - 6 €*

Este museo, al lado del bosque, está dedicado a un importante grupo de artistas expresionistas alemanes, **Die Brücke** (*☛ pág. 160*), fundado en Dresde en 1905 por estudiantes que querían crear un arte expresivo distorsionando las líneas y utilizando colores violentos. En 1911, el grupo se trasladó a Berlín, donde se disolvió en 1913. La mayoría de las pinturas, acuarelas y dibujos expuestos son de Karl **Schmidt-Rottluff**, Ernst Ludwig **Kirchner**, Erich **Heckel**, Emil **Nolde** y Max **Pechstein**.

Grunewald ★★

Fuera de mapa por A8 *Hüttenweg 100 - BUS X83 o 115 (parada Clayallee y después 15 min a pie por Im Jagen) -*

Schoening/imageBROKER/age fotostock

El metro de Dahlem.

☎ 030 8133597 - www.spsg.de - de abril a octubre de ma. a do. de 10:00 a 17:30 h; de noviembre a marzo los fines de semana hasta las 16:00 h (última entrada a las 15:00 h) - 6 €.

Desde el siglo XVI, este bosque de 3100 ha fue el coto de caza de los príncipes electores. Está bordeado al este por una cadena de lagos, entre ellos el Grunewaldsee, en cuyo borde se alza un encantador **pabellón de caza★** (Jagdschloss Grunewald), construido en 1542 por Caspar Theyss para Joaquín II y remodelado (1705) en estilo barroco por iniciativa de Federico I.

Potsdam★★★

La ciudad elegida por los antiguos reyes prusianos tiene un marcado encanto rural, con sus casas bajas, sus antiguas puertas y su joya rococó, el Castillo de Sans-Souci, escondido entre la vegetación. Pero la capital de Brandeburgo también se renueva: el centro de la ciudad (en obras hasta 2026) redescubre su canal enterrado desde hace tiempo, un nuevo barrio surge a orillas del Tiefer See y la histórica plaza del Mercado Viejo recupera poco a poco su aspecto original.

▶ **Cómo llegar:** desde Berlín (Hauptbahnhof o Zoologischer Garten): S 7 (cada 10 min) o tren RE1 (2 trenes/h). Si tienes una WelcomeCard con la tarifa AB, para llegar a Potsdam solo tienes que comprar un billete con la tarifa BC (4 €).
▶ **Bicicleta:** de Berlín-Mitte a Potsdam, 42 km por Grunewald, Nikolassee y Wannsee. *web.bikemap.net/r/920221.*
▶ **Consejo:** el «billete Sanssouci +» de 19 €, que puede adquirirse con antelación en www.spsg.de, es un paquete válido en todos los lugares del Parque Sans-Souci. ¡Llega pronto y tómate un día entero para visitarlo!
Nuestras direcciones, págs. 118, 123, 137.

EL CENTRO HISTÓRICO ★★

Desde la estación, el Gran Puente (Lange Brücke) conduce directamente al parlamento (Landtag), que luce en una de sus fachadas la frase: «¡Esto no es un castillo!». Se trata de una reconstrucción del antiguo castillo de Potsdam, bombardeado en 1945 y arrasado hacia 1960. Desde aquí se puede ir andando a los siguientes lugares.

Filmmuseum Potsdam ★

(Museo del Cine)

Breite Straße 1A - 0331 2718112 - www.filmmuseum-potsdam.de - de ma. a do. de 10:00 a 18:00 h - cerrado 24, 26 y 31 de diciembre y 1 de enero - 6 €. El largo establo barroco situado a la izquierda del Landtag es uno de los monumentos más antiguos de la ciudad. Originalmente (1685), era un invernadero de naranjos. Hoy alberga el Museo del Cine, dedicado principalmente a los **estudios Babelsberg**, escenario de *Los Nibelungos* de Fritz Lang (1924) y, más recientemente, la serie *Babylon Berlin* (desde 2017). Estos estudios no están abiertos al público en general: sin embargo, el **Filmpark Babelsberg**, situado al este del centro histórico de la ciudad, ofrece una visión del mundo de los efectos especiales, los dobles y las producciones teatrales... *(Großbeerenstr. 200 - BUS 601 - 0331 7212850 - www.filmpark.de - de mayo a agosto de ma. a do. de 10:00 a18:00 h (consultar en temporada) - 29 €, 23 € online (tarifa reducida con la WelcomeCard).*

Neuer Markt ★★

(Nuevo Mercado)

El **Kutschenstall★** se encuentra en el n.º 9 de esta plaza. Construido en 1790 según los planos de **Andreas Ludwig Krüger**, albergaba los caballos de los carruajes reales. Ahora alberga la Casa de la historia de Prusia y Brandeburgo *(Haus der Brandenburgisch-Preußischen Geschichte - www.hbpg.de - de ma. a do. de 11:00 a 18:00 h, ju. hasta las 20:00 h) - donativo sugerido: 4/6 €).*

Alter Markt★

(Mercado Viejo)

Obra de **Schinkel** (1837), la **Iglesia de San Nicolas★** que domina la plaza es otro ejemplo convincente del neoclasicismo alemán. Su cúpula, terminada en 1850 por los alumnos del arquitecto, sigue el modelo de la prestigiosa Basílica de San Pedro de Roma. La arquitectura del **Palacio Barberini** construido en 1771 y convertido en centro de exposiciones *(www.museum-barberini.de - de mi. a lu. de 10:00 a 19:00 h - 16 € entre semana, 18 € fines de semana)* también tiene la vista puesta en Italia. En el n.º 9, el **Potsdam Museum** *(de ma. a do. de 12:00 a 18:00 h - 5 €)*, ubicado en el antiguo ayuntamiento diseñado (1755) por Jan Boumann, recorre mil años de historia de la ciudad.

Holländisches Viertel★★

(Barrio holandés)

Hacia 1735, el mismo Boumann construyó un edificio a ambos lados de la **Mittelstraße** para alojar a los artesanos holandeses que habían venido a desecar los pantanos de Potsdam. Una de las 134 casas está abierta al público en el n.º 8 de la Mittelstraße *(de lu. a vi. de 13:00 a 18:00 h, sá. y do. desde las 11:00 h - 3 €).* Justo fuera del barrio holandés, pasea por la Brandenburger Straße: conduce a la **Puerta de Brandeburgo★** (Brandenburger Tor), que se alza en la Luisenplatz desde 1770, a tiro de piedra del **Parque Sans-Souci.**

PARQUE Y CASTILLO DE SANS-SOUCI★★★

Diseñado en parte por el talentoso paisajista Peter Joseph Lenné, este parque de 300 ha *(abierto a diario de 8:00 h al anocher)* incluye varios monumentos construidos entre 1744 y 1860. Este sitio del Patrimonio Mundial atrae a 400 000 visitantes cada año.

Schloss Sans-Souci★★★

(Castillo de Sans-Souci)

BUS 606, 695 - ✆ 0331 9694200 - www.spsg.de - ♿ - de ma. a do. de 10:00 a 17:30 h; de noviembre a marzo hasta las 16:30 h - cerrado 24 y 25 de diciembre - 14 € (audioguía incluida) - el acceso al castillo sigue un cupo limitado de entradas. Se aconseja comprar la entrada en la web o acudir al lugar en cuanto se abra.

Es difícil resistirse a la majestuosa fachada al subir la escalinata. Según el plan de Knobelsdorff, debía discurrir junto a la terraza, pero el rey prefirió construirla retranqueada de esta para poder disfrutar de hermosas vistas de la campiña circundante. Un recorrido por las habitaciones revela el virtuosismo de los artistas encargados de decorarlas: una **biblioteca** de madera de cedro; una **sala de conciertos**, obra maestra

del rococó prusiano... La más famosa es la **sala de mármol**, donde tenían lugar las «mesas redondas», ingeniosas reuniones protagonizadas por Voltaire. La **sala Voltaire** (donde el filósofo nunca durmió) es especialmente atractiva, con sus flores pintadas y sus frutas talladas.

Bildergalerie★ y Neue Kammern★

(Galería de Pinturasy Nuevas Salas)

Están situadas a ambos lados del Castillo de Sans-Souci. En la **Galería de Pinturas** *(de mayo a octubre de ma. a do. de 10:00 a 17:30 h - 8 €)*, en el lado oeste hay obras flamencas (Rubens, Van Dyck...) y en el lado este, obras italianas (incluido un excelente Caravaggio), todas adquiridas por Federico II. Las **Nuevas Salas** *(de abril a octubre de ma. a do. de 10:00 a 17:30 h, cerrado de noviembre a marzo - 8 €)* ocupan un invernadero construido por Knobelsdorff en 1747 y convertido en apartamentos para los invitados del rey (1775). El interior de la **Galería de Ovide**★ está decorado con escenas de la *Metamorfosis* de Ovidio. Detrás de las Nuevas Salas se encuentra el viejo molino (Historische Mühle - *de abril a octubre a diario de 10:00 a 18:00 - 5 €)*.

Orangerie Schloss★

(Nuevo invernadero)

Cerrado por reformas hasta 2029. Fue construido entre 1851 y 1860 al estilo de los palacios renacentistas italianos, según un diseño de Federico Guillermo IV. Sus pisos fueron ocupados por el zar Nicolás I y su esposa.
Desde aquí, el camino conduce al Pabellón del dragón **(Drachenhaus)**, una pagoda diseñada en 1770 por Karl von Gontard, y al **Belvedere de Klausberg,** la última construcción en Potsdam decidida por Federico II (1772).

Neues Palais★★

(Palacio Nuevo)

BUS *695 - de abril a octubre de mi. a lu. de 10:00 a 17:30 h (de noviembre a marzo hasta las 16:30 h) - 8 € (12 € la visita completa).* Este imponente palacio, situado en el extremo oeste del parque, fue construido por iniciativa de Federico el Grande, que quería demostrar que el poder económico de Prusia había permanecido intacto tras la Guerra de los Siete Años. Fue, pues, un «alarde» rea. Sus 400 habitaciones reflejan el espíritu de desmesura que presidió el proyecto, realizado en un plazo relativamente corto: 1763-1769. La visita recorre algunas de las estancias, entre ellas la **sala de las conchas**★ la **habitación de mármol**★ y el **teatro**.
También puedes visitar el **Castillo de Charlottenhof**★ *(de mayo a octubre de lu. a vi. de 10:00 a 17:30 h - 6 €)*, construido entre 1826 y 1829 en estilo clásico italiano según planos de Schinkel, y el encantador **Pabellón chino** (Chinesisches Teehaus, *mismo horario - 4 €*), del siglo XVIII.
A 1,5 km del centro *(Tram 92 o 96, parada Puschkinallee)* la **Siedlung Alexandrowka**★ alberga trece casas de madera. Privilegio para los cantantes de un coro militar ruso residente en la corte, estas casas se transmitieron de padres a hijos. En el n.° 2, un museo evoca la vida de esta colonia rusa *(✆ 0157 50974652 - www.alexandrowka.de - de ju. a ma. de 10:00 a 18:00 h, cerrado en enero y febrero - 3,50 €).*

Grandes lagos★★

La capital alemana tiene dos grandes lagos en sus proximidades: el Müggelsee, al sureste, y el Wannsee, al suroeste, ambos perfectamente comunicados por el S-Bahn. Por supuesto, en verano no estarás solo: Berlín cuenta con 55 clubes de remo y 120 de vela, pero idéjate llevar! También hay algunos castillos preciosos por el camino.

Grosser Müggelsee ★★

Desde Ostkreuz: Ⓢ *3 (parada: Friedrichshagen luego 300 m a pie por la Bölchestr.; desde Köpenick:* Tram *60 o 61 (parada: Müggelseedamm/ Bölschestr.).*
Este majestuoso lago, de 4 km por 2,5 km, es el más grande de Berlín. Las princesas prusianas solían hacer picnic aquí bajo los tilos. Las primeras regatas se celebraron aquí en 1881. Hoy en día, el bosque de Köpenick, adyacente al lago, ofrece muchas oportunidades para pasear. Se puede nadar cerca de la parada de tranvía *(Freibad Friedrichshagen - de mayo a agosto a diario de 10:00 a 19:00 h - 7 €).*

Schloss Köpenick★★

Desde la estación de Spindlersfeld, terminal del Ⓢ *47, tomar el* Tram *61 o 63, parada Schlossplatz Köpenick - ✆ 030 266424242 - www.smb.museum - ♿ - de abril a septiembre de mi a do. de 11:00 a 17:00 h; de octubre a marzo de ju. a do. mismo horario - cerrado festivos, 24 y 31 de diciembre. - 8 €.*
El **Castillo de Köpenick**, construido en 1681 para el futuro rey Federico I, alberga el **Museo de Artes Decorativas de Alemania** más antiguo. No te pierdas la sala de taracea del Castillo de Haldenstein, el Gabinete de espejos del Castillo de Wiesentheid y el Gabinete chino del Palacio Graneri de Turín. Cerca del puente, se puede alquilar un barco para remontar el Dahme o el Spree *(Müggelheimer Str. 1d, detrás del café Mutter Lustig - www.solarwaterworld.de - ✆* 030 814534960 *- de marzo a octubre de lu. a vi. de 11:00 a 20:00 h, sá. y do. desde las 10:00 h - desde 40 €/h)* o hacer un crucero en uno de los barcos del **Stern-und-Kreis** (embarcadero de Luisenhain; *pág. 148*).

Wannsee★

Desde Hauptbahnhof o Zoologischer Garten: Ⓢ *1 (paradas Nikolassee o Wannsee).* Esta cala de Havel cuenta con una playa de arena con cabañas y una sección nudista (*Strandbad Wannsee - de 10:00 a 20:00 h - 5,50 €).* ¿Prefieres ir por lo ecológico? Toma el BUS 218 *(1 h de lu. a vi.; 2 h sá. y do.),* que le llevará hasta el embarcadero de la **Isla del Pavo Real**★★ (Pfaueninsel; acceso en transbordador - *de marzo a octubre de 10:00 a 18:00 h; de noviembre a febrero de 10:00 a 16:00 h - 4 €).* Con sus jardines paisajísticos y su castillo *(1797; se renueva en 2025)*, esta isla es testigo del gusto por las ruinas que estaba de moda a principios del Romanticismo.

NUESTRAS SUGERENCIAS

Dónde comer 110
Dónde beber 119
De compras 124
Salir por la noche 130
Dónde dormir 134

Las orillas del Spree, con el Oberbaumbrücke, en el barrio de Friedrichshain.
B. Gardel/hemis.fr

Dónde comer

Urbanitas hambrientos y apresurados, bienvenidos al paraíso: encontraréis opciones baratas a todas horas en los *imbiss* (quioscos) y cafés. Una curiosidad local que no puedes perderte son los «hombres salchicha» de Alexanderplatz, con sus parrillas pegadas a la cintura, venden *rostbratwurst* para llevar. Otra especialidad son los copiosos almuerzos bufé de los domingos, disponibles en algunos cafés por unos 10 €. Por último, los restaurantes más elaborados cumplen con las expectativas de los más *gourmets*.

Dónde beber pág. 119, Restauración pág. 144 y Gastronomía berlinesa pág. 167.

Localiza las direcciones en nuestros planos utilizando los puntos numerados (ej. 1). Las coordenadas en rojo (ej. C2) se refieren al mapa extraíble (en el interior de la cubierta).

Reichstag

Plano del barrio págs. 26-27

Hasta 20 €

51 **Die ständige Vertretung** - **F3** - *Schiffbauerdamm 8 - S U Friedrichstraße - 030 2823965 - www.staev.de - - de 11:00 a 1:00 h, sá. y do. desde las 10:00 h - platos 10/18 €.* Una cervecería de culto abierta en 1997 originalmente para los empleados del ministerio que tuvieron que trasladarse de Bonn a Berlín tras la Reunificación.

De 35 a 50 €

36 **Dachgartenrestaurant Käfer** **E4** - *Platz der Republik - en el Reichstag - S Brandenburger Tor - 030 2279220 - www.feinkost-kaefer.de - - de 9:00 a 17:00 y de 19:00 a 20:30 h - menú 49 €.* Vistas panorámicas sobre Berlín Este desde este restaurante encaramado en el tejado del Reichstag, que sirve buena cocina alemana. ¡Imprescindible reservar!

Puerta de Brandeburgo

Plano del barrio págs. 26-27

Hasta 20 €

41 **Adlon To Go** - **F4** - *Unter den Linden 77 - S Brandenburgo Tor - 030 22611959 - www.kempinski.com/adlon - de lu. a vi. de 8:00 a 17.00 h, sá. de 10:00 a 16:00 h - 7/9 €.* En este pequeño anexo del legendario Hotel Adlon encontrarás una tentadora selección de sándwiches —aguacate y alcachofa, salmón y pera con rábano picante—, pero también *lunch bowls* y muesli para disfrutar en la terraza o en el interior, con una atractiva decoración en blanco y negro.

Unter den Linden

Plano del barrio págs. 26-27

Hasta 20 €

26 **Deponie N.° 3** - **F3** - *Georgenstr. 5 - S U Friedrichstraße - 030 20165740 - www.deponie3.de - de ma. a sá. de 16:00 a 22:00 h - platos 12/17 €.*

Este bistró berlinés con clientela variada se encuentra en una arcada del S-Bahn. El menú incluye un desayuno completo, especialidades berlinesas, bocadillos y algunos platos más sustanciosos.

39 **Little Green Rabbit** - **F4** - *Unter den Linden 153A - U Unter den Linden - 030 20921317 - www.littlegreenrabbit.de - de 11:00 a 18:00 h (vi. y sá. hasta las 20:00 h) - solo pago con tarjeta - desde 6,90 €.* Un restaurante de comida rápida para almorzar apto para vegetarianos y veganos. Aquí, puedes componer tu propia ensalada (dos formatos), elegir una tarte flambée, patatas con guarnición o una sopa.

1 **Kantine Berliner Ensemble** - **F3** - *Bertolt-Brecht-Platz 1 - Friedrichstraße - www.be-kantine.de - de lu. a vi. de 12:00 a 22:00 h, sá. y do. desde las 14:00 h - platos 6/12 €.* Aunque los asistentes al teatro tienen prioridad, esta cafetería está abierta a todos: basta con bajar las escaleras al pie del edificio rojo. En el menú: tres platos del día, un *risotto* y siempre una sopa. Raciones abundantes, ambiente más tranquilo que en el Hôtel de Ville. (*pág. 113*).

De 35 a 50 €

3 **Crackers** - **F4** - *Friedrichstr. 158 - U Unter den Linden - 030 680730488 - www.crackersberlin.com - a diario de 18:00 a 23:00 h - platos 24/41 €.* Tras una discreta puerta negra se esconde un restaurante con ambiente de club, que sirve platos bonitos y bien elaborados con una iluminación tenue: *caponata* de cebollino, empanada de champiñones *(maultasche)*...

Museumsinsel

Plano del barrio **págs. 46-47**

Hasta 20 €

2 **Cu29** - **G3** - *James-Simon-Galerie (1er piso), Eiserne Brücke - S Friedrichstraße - 030 959985772 - www.cu-berlin.de - de ma. a do. de 10:00 a 18:00 h - platos principales 13/18 €.* En este luminoso y minimalista hexaedro, diseñado por David Chipperfield, se puede disfrutar de un almuerzo rápido de un bol vegetariano con cuscús y aguacate o, más alemán, arenques pequeños con pepinillos *(matjes)* y *königsberger klopse* con alcaparras y remolacha confitada. ¡Agradable, aunque el servicio se agobia rápidamente!

hanohiki/Getty Images Plus

Los «hombres salchicha» de Alexanderplatz.

38 Wilhelm Alexander - **G4** - *En el Foro Humboldt, Schloßplatz - U Museumsinsel - ✆ 030 318732430 - www.wilhelmalexander.de - de ma. a do. de 12:00 a 20:00 h - cerrado en invierno - platos 12/15 €.* Situado en un rincón del patio del Schlüterhof, el restaurante Alexander es menos turístico que el Bistro vecino, donde se puede pedir un generoso *stulle* (con salmón, rúcula y rábano picante), o un bol con quinoa. La pequeña carta es garantía de frescura: aquí todo se prepara al momento.

Scheunenviertel

Plano del barrio págs. 38-39

Hasta 20 €

28 Zeit für Brot - **G2** - *Alte Schönhauser Str. 4 - U Rosa-Luxembourg-Platz - ✆ 030 28046780 - www.zeitfuerbrot.com - de 7:00 a 20:00 h, sá. de 8:00 a 20:00 h y do. de 8:00 a 18:00 h - bocadillos y bollería: 3,40/5 €.* Justo al lado de la estación de metro, la agradable panadería de Pierre Stelling solo trabaja con pequeños productores ecológicos. Y se nota, desde la mini-baguette de espelta y aceitunas hasta la tarta de zanahoria, todo está muy sabroso. Atención: las pocas mesas que hay aquí se llenan a la hora de comer.

54 Curry 61 - **G3** - *Oranienburger Str. 61 - S Hackescher Markt - ✆ 030 40054033 - www.curry61.de - de 11:00 a 22:00 h, do. de 12:00 a 21:00 h - 3/6 €.* ¿Tienes hambre? Haz cola delante de este *imbiss*: no solo el servicio es rápido y sonriente, sino que también podrás disfrutar de una muy buena *kombi currywurst & pommes frites*, de pie, hombro con hombro. ¡La salsa es casera y la salchicha es de Brandeburgo!

61 Fotografiska Café Bar - **F3** - *Oranienburger Str. 54 - S Hackescher Markt - berlin.fotografiska.com - de 10:00 a 23:00 h - schiacciata 6 €.* En la planta baja del antiguo Tacheles, ¡un nuevo café lleno de buenas vibraciones! En el menú: pequeños tentempiés, platos para compartir *(10/17 €)*, deliciosos *croissants* rellenos de pistacho, té «in the mood for love» y DJ los jueves *(de 18:00 a 20:00 h).*

De 20 a 35 €

56 PeterPaul - **G2** - *Torstr. 99 - U Rosenthaler Platz - ✆ 030 43 77 30 43 - www.peterpaul.berlin - www.peterpaul.berlin - a diario de 18:00 a 0:00 h - 10/17 €.* Este es el lugar al que acudir para degustar una versión más ligera, al estilo de las tapas, de los platos clásicos alemanes. Albóndigas berlinesas con mostaza, pollo asado con berros... Imprescindible reservar.

40 Yumcha Heroes - **G2** - *Weinbergsweg 8 - U Rosenthaler Platz - ✆ 030 76213035 - www.yumchaheroes.de - de 12:0 a 23:00 h (sá. y do. hasta las 23:30 h) - platos 7/17 €.* Pequeño restaurante que sirve deliciosos *dumplings* chinos al vapor con un sabor agridulce.

5 Schwarzwaldstuben - **F2** - *Tucholskystr. 48 - S Oranienburger Straße U Oranienburger Tor - ✆ 030 50016266 - www.schwarzwaldstuben-berlin.com - de ma. a do. de 12:00 a 0:00 h - platos 13/18 €.* ¿Te apetece probar las sabrosas especialidades de la Selva Negra? Con astas de ciervo en la pared y cubas de cerveza en el techo, ¡estás en el lugar adecuado! Si tienes hambre, pide el *vorspeisenteller* con lentejas, queso de cabra a la plancha, charcutería y *velouté* de espárragos *(15 €)*.

Alexanderplatz

Plano del barrio **págs. 46-47**

Hasta 20 €

65 **Kantine Rotes Haus** - **G4** - *Jüdenstr. 1 (esquina con Rathausstr.) - U Rotes Rathaus, Alexanderplatz - ✆ 030 24720412 - www.u-s-e.org - de lu. a vi. de 11:30 a 14:00 h - platos 7/9 €*. La cantina del sótano del ayuntamiento no es solo para los empleados públicos. Aquí podrás degustar una quiche de salmón, hinojo y rábano picante o una generosa ración de sopa de ajo de oso con patatas asadas. El menú cambia a diario. Ven a primera hora del servicio.

4 **Spreegold**- **G3** - *Rosa-Luxemburger Str. 2 - S U Alexanderplatz - ✆ 030 37587980 - www.spreegold.com - de 8:30 a 21:00 h (vi. y sá. hasta las 22:00h) - platos 7/14 €*. En la esquina de Dirckenstraße, esta cantina relajada y sin pretensiones sirve pasta, ensaladas, hamburguesas, filetes y originales limonadas a todas horas. Lástima que la música de fondo esté un poco alta.

De 20 a 35 €

32 **Ephraim's** - **G4** - *Spreeufer 1 - Klosterstraße - ✆ 030 24725947 - www.ephraims.de - de 12:00 a 23:00 h - platos 12/17 €*. Ambiente agradable y terraza a orillas del Spree. Una auténtica ganga con música en directo los fines de semana.

47 **Mutter Hoppe** - **G4** - *Rathausstr. 21 - U Rotes Rathaus, U Alexanderplatz - ✆ 030 24720603 - www.mutterhoppe.de - desde las 11:30 h - platos 11/20 €*. Amplios salones en el sótano para disfrutar de la cocina alemana en familia o entre amigos. Los *vi. y sá. de 19:30 a 22:30 h*, música en directo al estilo de los años 20 y 30.

Prenzlauer Berg

Plano del barrio **págs. 38-39**

Hasta 20 €

43 **Metzer Eck** - **H2** - *Metzer Str. 33 - U Senefelderplatz - ✆ 030 4427656 - www.metzer-eck.de - de lu. a vi. de 16:00 a 0:00 h, sá. desde las 18:00 h - platos 7/10 €*. Este bistró ha pasado de generación en generación. Sopas caseras, salchichas, albóndigas y escalopes servidos con ensalada de patata a elegir. Las fotos de la pared reviven los bistrós berlineses de la época del Imperio.

De 20 a 35 €

34 **Gugelhof** - **H2** - *Knaackstr. 37 - U Senefelderplatz o Eberswalder Straße - ✆ 030 4429229 - www.gugelhofberlin.de - de 12:00 a 23:00 h, cerrado ma. - platos 14/26 €*. Brasería alsaciana con especialidades alemanas, suizas y francesas. Su *chucrut* y *flammekueche (10/14 €)* son muy populares. Ambiente cálido.

Friedrichshain

Mapa extraíble

De 20 a 35 €

Schneeweiss - **Fuera del mapa** - *Simplonstr. 16 - S U Warschauer Straße - ✆ 030 29049704 - www.schneeweiss-berlin.de - de lu. a sá. de 17:00 a 22:30 h - platos principales:*

La hora del *brunch*

Los fines de semana, numerosos cafés y restaurantes sirven un *frühstück* por 8/12 € de 10:00 a 16:00 y hasta las 17:00 h. Suele haber varias opciones: inglés, turco, ruso, vegano o incluso alpino, como en Drei Schwestern (*pág. 115*). Los brunchs más populares son los de Literatur-Haus (*pág. 123*), Café Rix en Neukölln (Karl-Marx-Str. 141) y Morgenland en Kreuzberg (Skalitzer Str. 35) . ¡Se recomienda reservar!

20/29 €. Un espacio dedicado a la cocina alpina. En los bancos inmaculados, una clientela bohemia de moda. Algunos do. de 10:00 a 15:00 h hay *brunch* a 29 €.

Gendarmenmarkt

Plano del barrio págs. 26-27

De 20 a 35 €

49 **Rotisserie Weingrün** - **G4** - *Gertraudenstr. 10 - U Spittelmarkt - ✆ 030 20621900 - www.rotisserie-weingruen.de - de lu. a vi. de 17:00 a 23:00 h - platos principales 19/42.* Es un lugar popular para los amantes de la carne a la parrilla y los buenos vinos (principalmente alemanes y austriacos). Prueba el salmón flambeado con gratén y verduras. Cuidado con el precio excesivo del agua mineral *(7,50 €)* ¡Es necesario reservar!

De 35 a 50 €

42 **Lutter und Wegner** - **F4** - *Charlottenstr. 56 - U Stadtmitte - ✆ 030 20295415 - www.l-w-berlin.de - a diario de 12:00 a 23:00 h - platos 26/32 €.* El lema: «Vino, mujeres y música». Una clientela de etiqueta frecuenta este bar, visitado en entreguerras por las grandes estrellas.

20 **Borchardt**- **F4** - *Französische Str. 47 - U Unter den Linden - ✆ 030 81886262 - www.borchardt-restaurant.de - desde las 11:30 h (cocina abierta hasta medianoche) - platos principales 29/39 €.* Columnas y techos estucados: es una de las direcciones de moda donde «ver y ser visto». Cocina de inspiración francesa.

13 **Bocca di Bacco** - **F4** - *Friedrichstr. 167/168 - U Unter den Linden - ✆ 030 20672828 - www.boccadibacco.de - de ma. a sá. de 12:00 a 15:30 h y de 17:30 a 0:00 h - platos principales 21/42 €, menú del día 25/28 €* Cerca del Distrito 207 (*pág. 60)* un buen restaurante italiano con ojo para los detalles: hay granos de granada en la rúcula y un toque de mandarina en el filete de salmón con costra. Se recomienda reservar.

Alrededores del Checkpoint Charlie

Plano del barrio págs. 68-69

De 35 a 50 €

53 **Layla** - **F6** - *Hallesche Str. 10 (esquina con Möckernstraße) - S Anhalter Bahnhof - ✆ 151 22563654 - www.layla-restaurant.com - de ma. a sá. de 18:00 a 23:00 h - platos principales 25/45 €.* Una exquisita variedad de pequeños platos mediterráneos, mitad de Tánger mitad de Tel Aviv, preparados con esmero

en una cocina abierta por una brigada vestida toda de blanco y servida por camareros vestidos todos de negro bajo la supervisión de Meir Adoni, cuyo talento como chef queda patente en cada bocado. ¡Su *halloumi* a la parrilla es una delicia!

Kreuzberg

Plano del barrio **págs. 68-69**

Hasta 20 €

25 **Curry 36** - **F7** - *Mehringdamm 36 - U Mehringdamm - 030 2580088336 - www.curry36.de - de 9:00 a 17:00 h - porción 2 € aprox.* Este pequeño *imbiss* sirve algunos de los mejores *currywurst* (¡la especialidad de la capital!) de Berlín. Las colas, tanto de día como de noche, tienden a demostrarlo.

Bar Raval - **Fuera del mapa** - *Lübbener Str. 1 - U Görlitzer Bahnhof - 030 53167954 - www.barraval.de - P - de 18:00 a 22:00 h (vi. y sá. hasta las 23:00 h) - platos principales 9/15 €.* Restaurante de moda. Gran selección de tapas en un ambiente elegante, con cocina abierta.

15 **Two Trick Pony** - **G7** - *Bergmannstr. 52 - U Südstern - 030 28662543 - www.twotrickpony-berlin.com - de 10.00 a 16:00 h, cerrado mi. - platos y tostas: 11/19 €.* Para un *brunch* creativo, el café de Gary y Jason es una excelente opción: el entorno es agradable, el personal sonriente y el plato siempre está muy bien presentado (aquí, el muesli está condimentado con hojas de albahaca). No se admiten reservas ni portátiles en las mesas.

De 20 a 35 €

66 **Orania** - **H6** - Oranienplatz 17 - *U Moritzplatz - 030 69539680 - www.orania.berlin - desde las 18:00 h - platos 24/48 €.* En la esquina de Oranienplatz y Oranienstraße, un restaurante acogedor y bastante elegante, con piano (pequeños conciertos tres veces por semana) y cómodos sofás. Recomendado por sus platos para compartir bastante atrevidos, y su ambiente tranquilo por la tarde.

33 **Hasir** - **H6** - *Adalbertstr. 10 - U Kottbusser Tor - 030 69539680 - www.hasir.de - abierto las 24 h - platos en torno a 19 €.* Este es el templo del *döner kebab* berlinés, donde se inventó la versión sándwich en 1971. Delicioso *ayran* casero (bebida de yogur salado).

62 **Max und Moritz** - **H5** - *Oranienstr. 162 - U Moritzplatz - 030 69515911 - www.maxundmoritzberlin.de - desde la 18:00 h, cerrado ma. - platos 15/23 €.* Para cenar, una imperdible institución berlinesa abierta en 1902, que sirve especialidades locales. Muy abundante.

6 **Drei Schwestern** - **H5** - *Mariannenplatz 2 - U Kottbusser Tor - 030 600318600 - www.3schwestern.com - - desde las 17:00 h (sá. y do. desde las 11:00 h) - platos 15/28 €.* En la planta baja del barrio artístico de Betania (*pág. 65*), una cocina apetitosa con acentos mediterráneos (polenta con berenjenas y queso de cabra).

De 35 a 50 €

18 **Rutz Zollhaus** - **G6** - *Carl-Herz-Ufer 30 - U Prinzenstraße - 030 233276670 - www.rutz-zollhaus-berlin.de - de mi.*

a sá. de 18:00 a 22:00 h, do. desde las 16:00 h (de octubre a marzo de ma. a sá. de 18:00 a 22:00 h) - platos principales 20/33 €, menú pequeño 39 €. A orillas del Landwehrkanal, los talentosos Florian Mennicken y Marco Müller se han hecho cargo de ello: aquí se pueden encontrar buenas especialidades de Brandeburgo reinterpretadas en un estilo contemporáneo, así como una agradable terraza al sol donde se sirven embutidos y ensaladas.

14 **Spindler** - **H6** - *Paul-Lincke-Ufer 42-43 - U Kottbusser Tor - 69598880 - www.spindler-berlin.de - de mi. a vi. de 18:00 a 23:30 h, sá. y do. desde las 10:00 h - platos 23/39 €.* Un entorno encantador y un menú inspirado en Francia e Italia. Pequeñas raciones, y buen *brunch* servido sá. y do. de 10:00 a 16:00 h, seguido de una buena selección de bocadillos, quesos y charcutería de 16:00 a 18:00 h *(13/16 €).*

Neukölln

Mapa extraíble

Hasta 20 €

7 **Café Katulki** - **H7** - *Friedelstr. 40 - U Schönleinstraße - 030 91441955 - de 10:00 a 17:00 h (de vi. a do. hasta las 18:00 h).* Un café italo-polaco que merece la pena ser visitado sobre todo por su cálido ambiente. En el menú: *pierogi (9,70 €)* y *orecchiette* con patatas, zanahorias y pimentón. Una pequeña muestra de un barrio «multikulti».

De 35 a 50 €

8 **Lavanderia Vecchia** - **H8** - *Flughafenstr. 46 - patio trasero - U Boddinstraße o Rathaus Neukölln - 030 62722152 - www.lavanderiavecchia.wordpress.com - ♿ - de mi. a vi. de 12:30 a 22:00 h, sá. y do. de 17:30 a 23:00 h - fórmula almuerzo de tres platos 24,50 €, menú de noche 59 € (vino, café y digestivo en el bar incluidos).* Esta antigua lavandería, reconvertida en *trattoria*, es ahora el mejor restaurante de Neukölln.

Potsdamer Platz

Plano del barrio **págs. 76-77**

Hasta 20 €

14 **Vapiano** - **E5** - *Potsdamer Pl. 5 - S U Potsdamer Platz - 030 23005005 - www.vapiano.de - de 11:30 a 22:00 h (vi. y sá. hasta las 23:00 h) - 9/16 €.* Un autoservicio en el que puedes crear tu propia pasta con salsa, ensalada o pizza. Los cocineros lo preparan delante de ti. Disponen de albahaca, romero y menta.

Más de 50 €

35 **Frederick's** - **E4** - *Bellevuestr. 1 - S U Potsdamer Platz - 030 31196736 - www.fredericksberlin.com - de ma. a ju. de 18:00 a 1:00 - platos principales 21/36 €.* Desde que el diseñador londinense Robert Angell renovó el interior de L'Esplanade *(**pág. 76**)*, los comensales del Center Potsdamer Platz pueden cenar en un entorno de lo más glamuroso. Y las composiciones de Marcus Prahst, muy gráficas, no se quedan atrás: su ensalada de berros con *kumquats* y rábano negro es una delicia tanto para el paladar como para la vista. Raciones pequeñas. ¡Se recomienda reservar!

Kulturforum

Hasta 20 €

52 **Joseph-Roth-Diele** - **E5** - *Potsdamer Str. 75 - (al sur de la Neue Nationalgalerie) - BUS M48 parada Lützowstr, U Kurfürstenstraße - ✆ 030 26369884 - www.joseph-roth-diele.de - de ma. a vi. de 10:00 a 22:00 h - platos principales 8/19 €.* Rollo de ternera con lombarda, *spätzle* con lentejas y *stullen* (tostadas). Un menú local para saborear en un ambiente acogedor y en un marco dedicado al escritor Joseph Roth. Un lugar con encanto.

24 **Café und Restaurant im Kulturforum** - **E5** - *Matthäikirchplatz 8 - S U Potsdamer Platz - ✆ 030 266428501 - www.smb.museum - ♿ - de 10:00 a 18:00 h - 15/20 €.* En la Gemäldegalerie, autoservicio agradable y limpio: ensaladas, salchichas, *schnitzel*, pizzas, gratinados, postres. La mejor opción en el Kulturforum.

De 35 a 50 €

59 **Oh, Panamá** - **E6** - *Potsdamer Str. 91 (al sur de la Neue Nationalgalerie) BUS M48 parada Lützowstr U Kurfürstenstraße - ✆ 030 983208 435 - www.oh-panama.com - de ma. a sá. de 18:00 a 23:00 h - platos principales 23/32 €, menú de tres platos 62 €.* Contrariamente a lo que podría sugerir su nombre, este restaurante de dos plantas, escondido en el fondo de un patio, rinde homenaje a las tradiciones culinarias de Brandeburgo. Y como Sophia Rudolph tiene tanto talento, sus platos —sobre todo los vegetarianos— ¡son muy convincentes!

Kurfürstendamm

Mapa extraíble

Hasta 20 €

9 **Wintergarten im KaDeWe** - **C6** - *Tauentzienstr. 21-24 - Wittenbergplatz - ✆ 030 16818408 - www.restaurant-wintergarten.com - de lu. a sá. de 10:00 a 20:00 h - comida 8/16 €.* En la séptima planta de los grandes almacenes hay un reluciente restaurante autoservicio que ofrece una amplia gama de aperitivos (al peso), gratinados calientes y exquisitas especialidades regionales. Disfruta del almuerzo bajo el techo de cristal con una vista panorámica...

De 15 a 30 €

27 **Dicke Wirtin** - **B5** - *Carmerstr. 9 - S Savignyplatz - ✆ 030 3124952 - www.dicke-wirtin.de - de mi. a do. de 11:00 a 0:00 h - platos 15/26 €.* Uno de los restaurantes más antiguos de la capital, donde podrás degustar algunas de las especialidades berlinesas y probar la famosa «tartine de saindoux». Se recomienda reservar.

10 **Neni** - **C5** - *Budapester Str. 40 - S U Zoologischer Garten, Kurfürstendamm - ✆ 030 120221200 - www.nenifood.com - de lu. a ju. de 12:00 a 0:00 h, sá. y do. de 12:30 a 23:00 h - platos principales 18/34 €, menú 58 €.* En la décima planta del hotel 25hours, una cantina que vale tanto por su impresionante vista del zoo como por su inspirada cocina, con sabores de Oriente Próximo.

De 35 a 50 €

48 **Ottenthal** - **C5** - *Kantstr. 153 - S Savignyplatz - ✆ 030 3133162 -*

www.ottenthal.com - de 16:00 a 23:00 h, cerrado do. - platos principales 25/38 €. Cocina tradicional de inspiración austriaca. Productos de pequeños productores, a menudo ecológicos. Se recomienda reservar.

Charlottenburg

Mapa extraíble

De 20 a 35 €

50 **Lemke an Schloss** - **A3** - *Luisenplatz 1 - Ⓢ Charlottenburg - 030 30878979 - www.schloss.lemke.berlin - ♿ - de lu. a ju. de 16:00 a 21:30 h, de vi a do. desde las 12:00 h - platos principales 15/26 €.* A tiro de piedra del castillo, una auténtica brasería donde sentarse a degustar un jarrete de cerdo *(eisbein)* o un contundente *schnitzel* vienés y, sobre todo, una cerveza artesanal, que se elabora en cuatro formas: Pilsner, Perle, Original y Weizen. Si tienes hambre, prueba las ensaladas o la *flammkueche*.

64 **Engelbecken Schankwirtschaft** - **A5** - *Witzlebenstr. 31 (esquina Steifensandstraße) - Ⓤ Sophie-Charlotte-Platz - 030 6152810 - www.engelbecken.de - ♿ - a diario de 17:00 a 23:00 h - platos 19/31 €.* Sillas que recuerdan a los chalets alpinos, cervezas en abundancia... ¡creerás estar en una posada bávara! ¿Sus puntos fuertes? Sus mesas en la terraza con vistas a los árboles y sus platos vegetarianos (probamos las albóndigas de cereales con salsa de rábano picante y puré de ortigas muy originales). Se recomienda reservar.

Potsdam

De 20 a 35 €

Alexandrowka House 1 - *Russische Kolonie 1 - 0331 2006478 - www.alexandrowka-haus1.de - de ma. a do. de 12:00 a 21:00 h (cocina hasta las 20:00 h) - recomendado reservar - platos 15/19 €.* En la planta baja de uno de los encantadores chalets de madera de la colonia Alexandrowka, especialidades rusas (*pelmenis*) en un ambiente acogedor y deliciosamente *kitsch*. Acogida cordial. Es posible reservar una ceremonia del té con samovar para ocho personas o más. *(12,90 €/persona).*

Barberini - *Humboldtstr. 5-6 - 0331 236014272 - www.museum-barberini.com - de mi. a lu. de 10:00 a 19:00 h.* En el corazón de la antigua Potsdam, el café Museum Barberini (*pág. 104*) es un buen lugar para comer una quiche o una ensalada. En verano, el almuerzo se sirve en el patio del palacio, con vistas al Havel. Servicio un poco lento.

Potsdam Zur historischen Mühle (Mövenpick) - *Zur historischen Mühle 2 - 0331 281493 - www.moevenpick-restaurants.com - P Aparcamiento P1 gratuito 1 h - de ma. a do. de 10:30 a 21:00 h - principales 21/34 €, menú para dos por 78 €. Meunière* de trucha, *schnitzel* vienés o *rösti* suizo: la carta es variada y el jardín de invierno agradable. Buena relación calidad-precio. El lugar ideal para comer justo al lado del Palacio de Sanssouci. *Brunch* para dos por 38 € *(de ma. a do. de 10:30 a 13:00 h).*

Dónde beber

Berlín está repleto de cafés y bistrós. Tradicionales o de moda, abundan en todos los barrios, especialmente en **Prenzlauer Berg** (Kastanien Allee), **Friedrichshain** (Simon Dach Str. y alrededor de Boxhagener Platz), **Scheunenviertel** (Rosenthaler Str. y Neue Schönhauser Str.) y en **Kreuzberg** (alrededor de Orianenstr. y Kottbusser Tor).

pág. 121: Cervezas y Biergärten.

Localiza las direcciones en nuestros planos mediante los puntos numerados (ej. 1). Las coordenadas en rojo (ej. C2) remiten al mapa extraíble (en el interior de la cubierta).

Scheunenviertel

Plano del barrio págs. 38-39

1 Keyser Soze - F3 - *Tucholskystr. 33 - S Oranienburger Straße - 030 28599489 - www.keyser-soze.de - de 8:00 a 1:00 h (ju. hasta las 2:00 h).* Un café-bar muy de moda, ideal para observar la atmósfera de Mitte. Iluminación tenue.

2 Strandbad-Mitte - G3 - *Kleine Hamburger Str. 16 - U Rosenthaler Platz - 030 24628963 - www.strandbad-mitte.de - de 10:00 a 23:00 h, do. hasta las 17:00 h.* Uno de los mejores del barrio de las galerías de arte, apreciado por su terraza apartada y su original decoración.

3 The Barn Café Mitte - G2 *- Auguststr. 58 - cerca de de la Koppenplatz - S Oranienburger Straße, U Weinmeisterstraße o Rosenthaler Platz - www.thebarn.de - de 8:00 a 18:00 h, sá. desde las 9:00 h, do. desde las 10:00 h.* El mejor lugar para disfrutar de un auténtico café, tostado por Ralf Rüller. Además, zumos de fruta fresca, bollos y pequeños pasteles.

11 Café Distrikt - F2 - *Bergstr. 68 U Rosenthaler Platz o Tram M8 parada Pappelplatz - www.distriktcoffee.de - de 8:30 a 16:00 h, sá. y do. desde las 9:00 h.* Un relajado café de barrio que hará las delicias de los amantes del capuchino y los batidos de *açai*. Incluso tienen *kouign-amann* con abundante mantequilla. Disfruta de la música de fondo.

8 Codos Coffee - G2 - *Rosenthalerstr. 1 U Rosenthaler Platz o Tram M8 parada Invalidenstraße/ Brunnenstraße - www.codos.com - de 8:00 a 18:00 h, sá. y do. desde la 9:00 h.* Tras sus grandes ventanales, se puede degustar un café peruano con toques de chocolate (Luberli Tocto) o eucalipto (Sonia Mestanza). Como extra, hay una excelente repostería: su tarta de queso, en particular, es impresionante.

4 Tadschikische Teestube - F3 - *Oranienburger Str. 27 - Kunsthof - S Oranienburger Straße - 030 2041112 - www.tadshikische-teestube.de - - de 16:00 a 21:00 h, sá. de 12:00 a 22:00h, do. de 12:00 a 21:00* *h.* Famoso salón de té *tayiko*, regalo de la URSS a la RDA en 1974. Una exquisita selección de tés, para tomar en la terraza cuando hace buen tiempo o en el interior, entre cojines, mesas de café y columnas de sándalo.

Alexanderplatz

Plano del barrio págs. 46-47

5 **Sphere** - **G3** - *Panoramastr. 1a - SU Alexanderplatz - ✆ 030 2475750 - www.tv-turm.de - de 9:00 a 23:00h (de noviembre a marzo de 10:00 a 22:00 h).* Situado en la cúpula de la Torre de la Televisión (Fernsehturm), a 203 m sobre el nivel del mar, este bar gira cada 30 min. Vistas excepcionales.

6 **Brauhaus Georgbräu** -**G4** - *Spreeufer 4 - SU Alexanderplatz - ✆ 030 2424244 - www.georgbraeu.de - de 12:00 a 22:00 h.* Gran brasería con una enorme *biergarten* en verano a orillas del Spree. Las especialidades berlinesas y la cerveza elaborada en el local atraen a mucha gente.

Prenzlauer Berg

Plano del barrio págs. 38-39

7 **Anna Blume** - **H1** - *Kollwitzstr. 83 - U Senefelderplatz - ✆ 030 44048749 - www.cafe-anna-blume.de - de 8:00 a 22:00 h.* El mostrador de pasteles de esta cafetería-pastelería-floristería encantará a los *gourmets*. Adorable terraza llena de flores.

9 **Prater Garten** - **G1** - *Kastanienallee 7-9 - U Rosenthaler Platz - ✆ 030 4485688 - www.prater-biergarten.de - de abril a septiembre desde las 12:00 h.* Muy céntrico y tranquilo, es el *biergarten* más antiguo de la ciudad. Visita obligada *(de lu. a sá. desde las 18:00 h, do. desde las 12:00 h).*

10 **Schankhalle Pfefferberg** - **G2** - *Schönhauser Allee 176 - Senefelderplatz - ✆ 030 4737736227 - www.schankhalle-pfefferberg.de - de ma. a do. de 16:00 a 23:00 h.* Otro *biergarten* de visita obligada con buen tiempo por el encanto de sus viejos plataneros y por las cervezas elaboradas. Muy popular por las retransmisiones de los partidos en su pantalla gigante.

Friedrichshain

Mapa extraíble

Café Tasso - **Fuera del mapa** - *Frankfurter Allee 11 - U Frankfurter Tor - ✆ 030 48624708 - www.cafe-tasso.de - de lu. a sá. de 10:00 a 19:00 h.* Acogedora cafetería llena de libros de segunda mano que puedes comprar por unos pocos euros. Cafetería ecológica.

Timber Doodle - **Fuera del mapa** - *Wühlischstr. 37 - Tram M5, 10 o 13 parada Wühlischstr./Gärtnerstr. - ✆ 0152 53133786 - www.timberdoodle.de - de mi. a ju. de 19:00 a 1:00 h, vi. y sá. hasta las 2:00 h.* Este bar, que toma su nombre de una novela de Dickens, tiene una decoración cálida (parece un club de caballeros) y cócteles de la casa mezclados por Susanne Baró Fernández, que vivió muchos años en Cuba.

Gendarmenmarkt

Plano del barrio págs. 26-27

15 **Newton Bar** - **F4** - *Charlottenstr. 7 - U Stadtmitte - ✆ 030 20295421 - www.newton-bar.de - de vi. a sá. de*

12:00 a 3:00 h, do. y ju. de 12:00 a 2:00 h. Las paredes están decoradas con las famosas fotografías eróticas de Helmut Newton. En verano, el mostrador ovalado se convierte en un bar al aire libre.

Checkpoint Charlie

Plano del barrio págs. 68-69

16 **Taz-Kantine**- **F5** - *Friedrichstr. 21- U Kochstraße - ✆ 030 25902988 - www.taz.de - de lu. a vi. de 8:00 a 18:30 h (cocina hasta las 15:00 h).* En la planta baja del famoso diario de izquierdas *Tageszeitung* apodado «Taz», se puede tomar un delicioso café mientras se lee el periódico. Comedor económico para almorzar *(de 12:00 a 15:00 h).*

Kreuzberg

Plano del barrio págs. 68-69

17 **Ankerklause** - **H6** - *Kottbusser Damm 104 - U Schönleinstraße, U Kottbusser Tor - ✆ 030 6935649 - www.ankerklause.de - desde las 10:00 h.* Este café-bar es muy popular tanto de día como de noche, y se distingue por su ancla azul iluminada en el tejado, con una terraza encaramada sobre el Landwehrkanal.

19 **Eiscafé Isabel** - **H6** - *Böckhstr. 1 - Schönleinstraße - ✆ 030 69816832 - www.eiscafe-isabel.berlin - de abril a septiembre de 10:00 a 22:00 h, resto del año hasta las 20:00 h.* A orillas del Landwehrkanal, frente al Admiralbrücke, donde se reúne la juventud berlinesa cuando hace buen tiempo, una amplia selección de helados que se pueden degustar en una terraza soleada que suele estar ocupada.

20 **Café Luzia** - **H6** - *Oranienstr. 34 - U Kottbusser Tor - ✆ 030 81799958 - www.luzia.tc - a diario desde las 16:00 h (sá. y do. desde las 12:00 h).* Ideal para tomar un café por la tarde o una cerveza por la noche en la calle más animada del barrio. Sillones *vintage* e iluminación tenue.

Cervezas y Biergärten

Cuando empieza el buen tiempo, los *biergärten* («jardines de la cerveza»; singular: Biergarten) abren sus puertas. Esta tradición, de origen bávaro se ha afincado en la capital alemana: muy populares en verano, estas cervecerías al aire libre se resumen en largas mesas equipadas con bancos donde la gente se sienta después de pedir en el mostrador su cerveza —de barril (vom Fass) o en botella (Flasche)— y con qué acompañarla (ensalada, salchichas, bocadillos, etc.). Los Biergärten más agradables, y los más frecuentados, se encuentran a orillas del Spree y en los parques (Prater, Schankhalle Pfefferberg *pág. 120*, Cafe am Neuen See *pág. 122*).
De entre todas las **cervezas locales**, la más famosa es la **Berliner Weisse**, de fermentación alta, que a menudo se bebe «mit Schuss», es decir, teñida de rosa o verde con un chorrito de jarabe de frambuesa o de asperula (*waldmeister*). Las Lager, en cambio, son cervezas de fermentación baja. Es el caso de la Pils (rubia y ligera pero un poco amarga) y de la Bock (más oscura y espesa).

21 **Kaffeekirsche** - **H5** - *Adalbertstr. 23* - U *Kottbusser Tor* - *030 61627332* - *www.kaffeekirsche.berlin* - *de 8:00 a 18:00 h, sá. y do. desde las 10:00 h.* Café nicaragüense y té de menta fresca para llevar o tomar allí mismo. Tartas caseras muy recomendables.

Freischwimmer - **Fuera del plano** - *Vor dem Schlesischen Tor 2* - U *Schlesisches Tor* - *61074309* - *www.freischwimmer-berlin.com* - *desde las 18:00 h, sá. y do. desde las 10:00 h.* A orillas del Landwehrkanal, este café está formado por un conjunto de pontones. Desayuno a la carta.

36 **Dolden Mädel Braugasthaus** - **F7** - *Mehringdamm 80* - U *Mehringdamm* - *030 77326213* - *www.doldenmaedel.de* - *de 13:30 a 23:00 h (vi. y sá. hasta las 0:00 h).* Visita obligada para los amantes de la cerveza artesana. Cada día, además de las 70 cervezas de la carta, el propietario ofrece una veintena de cervezas fabricadas en la ciudad (Berliner Berg, Heidenpeters) o en otros lugares (Mikkeller de Copenhague). También se puede comer aquí.

Neukölln

Mapa extraíble

Klunkerkranich - **Fuera de plano** - *Karl-Marx-Str. 66* - *ascensor a nivel 5* - U *Rathaus Neukölln* - *www.klunkerkranich.org* - *de lu. a mi. desde las 17:00 h, de ju. a do. desde las 16:00 h, cerrado enero y febrero.* Desde que la azotea del centro comercial Neukölln-Arcaden se convirtió en el zona de recreo de los *hipsters* del distrito, aquí encontrarás zumos de fruta fresca, aperitivos, cócteles sin alcohol, masajes y música en directo.

Prachtwerk - **Fuera de plano** - *Ganghoferstr. 2* - U *Rathaus Neukölln* - *0176 61474750* - *www.prachtwerkberlin.com* - *de mi. a do. de 18:00 a 0:00 h (vi. y sá. hasta la 1:00 h).* Justo al lado de la piscina municipal de Neukölln, John y Stephanie Hasler han abierto un gran bar con muebles *vintage* y cafés de comercio justo. Buen ambiente.

25 **Fräulein Frost** - **H7** - *Friedelstr. 38* - U *Schönleinstraße* - *www. fräulein-frost.de* *030 95595521* - *de 12:00 a 19:30 h.* La gente acude en masa para saborear un buen café o disfrutar de un helado (algunos son muy originales, como el sorbete de pepino-limón-menta o el excelente saúco-prosecco).

34 **Isla Coffee** - **H8** - *Hermannstr. 37* - U *Boddinstraße* - *de 8:00 a 16:00 h (sá. y do. desde las 9:00 h).* Un relajante café de blanco inmaculado, ideal para tomarse un *chai latte* o un *cappuccino* al lado de la Flughafenstraß. También tienen limonada de temporada y algunos tentempiés.

Diplomatenviertel

Plano del barrio **págs. 76-77**

29 **Felleshus (Nordische Botschaften)**-*D5* -*Rauchstr. 1* - BUS *200* - *030 50500* - *www.nordischebotschaften.org* - *cerrado sá. y do.* Una dirección poco conocida para los turistas, en las embajadas nórdicas (*pág. 84*). Café-bar en la primera planta *(de lu. a vi. de 9:00 a 16:30 h, vi. de 11:00 a16:30 h)* y «kantine» en la tercera planta *(de lu. a vi. de 13:00 a 15:00 h)*.

Tiergarten

Mapa extraíble

30 **Cafe am Neuen See** - **D5** - *Lichtensteinallee 2 - U Hansaplatz - ✆ 030 2544930 - www.cafeamneuensee.de - a diario desde las 9:00 h (Biergarten de lu. a vi. desde las 12:00 h, sá. y do. desde las 11:00 h) - cerrado en invierno.* Una enorme cervecería al aire libre (1000 plazas) al borde de un lago en pleno Tiergarten. Especialmente popular entre los berlineses en verano. Posibilidad de alquilar una barca para dar un romántico paseo por el pequeño lago.

Kurfürstendamm

Mapa extraíble

31 **Literatur Haus (Wintergarten)** - **C6** - *Fasanenstr. 23 - U Uhlandstraße - ✆ 030 8825414 - www.literaturhaus-berlin.de - de 9:00 a 0:00 h.* La burguesía culta de Berlín acostumbra a visitar este elegante salón de té contiguo a la Casa de la Literatura. Gran selección de pasteles. Terraza en un encantador jardín.

35 **Berliner Kaffeerösterei** - **C6** - *Uhlandstr. 173-174 - U Uhlandstraße - ✆ 030 284700325 - www.berliner-kaffeeroesterei.de - de lu. a sá. de 9:00 a 20:00 h, do. de 10:00 a 19:00 h.* Un café de madera, que ofrece una amplia gama de tés y cafés inusuales como el Alt Berliner o el König Friedrich I. Además, añaden espumas ultraligeras con sabor a arándanos y violetas.

33 **Schwarzes Café** - **B5** - *Kantstr. 148 - U Uhlandstraße - ✆ 030 3138038 - www.schwarzescafe-berlin.de - a diario de 8:00 a 3:00 h, cerrado mi.* Uno de los *kneipen* (bistrós) con buena comida a todas horas. Su horario casi ilimitado atrae a artistas, estudiantes y noctámbulos.

37 **Monkey Bar** - **C5** - *25horas Hotel Bikini Berlin Budapester Str. 40 - S U Zoologischer Garten, U Kurfürstendamm - ✆ 030 120221210 - www.monkeybarberlin.de - de lu. a vi. de 13:00 a 2:00 h, sá. y do. desde las 12:00 h.* Este bar de la décima planta del hotel tiene varios puntos a favor: unas vistas impresionantes, un ambiente agradable y una buena selección de vinos del Palatinado. Calcula 8,50 € por un cóctel sin alcohol de arándanos, limón y soda de frambuesa con menta fresca.

26 **Princess Cheesecake** - **B5** - *Knesebeckstr. 32 - U Uhlandstraße, S Savignyplatz - ✆ 030 88625870 - www.princess-cheesecake.de - de lu. a ju. de 11:00 a 19:00 h, de vi. a do. desde las 10:00 h.* Una bombonería donde podrás tomar un té o un café mientras degustas, mousses y tartas de queso de la aldea ecológica de Brodowin, cerca de Chorin. Una auténtica delicia. Pago solo con tarjeta de crédito.

Potsdam

Café Heider - *Friedrich-Ebert-Str. 29 - 14467 Potsdam - ✆ 0331 2705596 - www.cafeheider.de - a diario de 9:00 a 21:00 h.* En tiempos de la RDA, el venerable Café Heider (1878) era el único café privado de toda Potsdam. Ofrece una amplia selección de cafés, tés, chocolates y buenos pasteles.

De compras

Si te gustan las grandes marcas y los centros comerciales, no te pierdas la famosa calle comercial **Kurfürstendamm**. En el lado este, la **Friedrichstraße** está ahora repleta de escaparates de lujo (Distrito 206, por ejemplo, en **Friedrichstadtpassagen**). Otros puntos de interés son el barrio de Scheunenviertel, con *boutiques* de moda, y Friedrichschain, en torno a la Simon-Dach Straße. Las tiendas de **Prenzlauer Berg**, sobre todo las de Kastanienallee y Oderbergerstraße, son aún más vanguardistas. Los domingos, Berlín también acoge numerosos mercadillos.

Para galerías de arte, dirígete a **Auguststraße**, en Scheunenviertel.

Rebajas - Cada tienda es libre de organizar sus propias rebajas, pero el calendario clásico es el siguiente: rebajas de invierno, de finales de enero a principios de febrero, y rebajas de verano, a partir de principios de agosto.

para las prendas masculinas y femeninas, una talla alemana 38 equivale a una talla española 40 (talla alemana = talla española + 1).

Horarios pág. 142.

Localiza las direcciones en nuestros mapas utilizando los puntos numerados (ej. 1). Las coordenadas en rojo (ej.C2) remiten al mapa extraible (en el interior de la cubierta).

Scheunenviertel

Plano del barrio págs. 38-39

Recuerdos

3 **Ampelmann Shop** - **G3** - *Hackesche Höfe, Hof 5 - Rosenthalerstr. 40-41 - S Hackescher Markt - 030 44726438 - www.ampelmann.de - de lu. a vi. de 11:00 a 16:00 h, sá. de 11:00 a 18:00 h.* ¿Verde o rojo? El hombrecillo de Alemania del Este, emblema de los semáforos, se ha convertido en un icono comercial, adornando vajillas, chucherías y camisetas. Otros puntos de venta: Unter den Linden 35, Gendarmenmarkt 37 y Hauptbahnhof (estación central de ferrocarril).

31 **Erzgebirgskunst** - **G3** - *Sophienstr. 9 - S Hackescher Markt, U Weinmeisterstraße - 030 28045130 - www.dregeno.de - de lu. a vi. de 11:00 a 19:00 h, sá. hasta las 18:00 h.* Aquí encontrarás todo tipo de artesanía en madera de los Montes Metálicos (sur de Sajonia): juguetes, conejitos de Pascua, pirámides de Navidad, ángeles y portavelas.

Bombones

4 **Bonbonmacherei** - **F3** - *Heckmann Höfe - Oranienburger Str. 32 - U Oranienburger Tor - 030 44055243 - www.bonbonmacherei.de - de mi. a sá. de 12:00 a 19:00 h - cerrado en agosto (en julio llamar para conocer horarios).* Frambuesa con cayena, higo chumbo, caramelo, limón, vainilla... Este es el reino de los dulces caseros, de la única fábrica artesanal de Berlín. Su especialidad: los Berliner Maiblätter,

aromatizados con castaña. Producción visible (llamar para conocer días y horarios).

Tienda de comestibles

2 Eat Berlin - **G3** - *Rosenthalerstr. 40-41* - Ⓢ *Hackescher Markt* - ✆ *030 52283260* - *www.eatberlinstore.de* - *de lu. a sá. de 11:00 a 19:00 h.* En el patio n.° 7 de la Hackesche Höfe, una charcutería dedicada enteramente a los productos locales: sirope de saúco, ginebra Brandstifter, salsa de mostaza... sin olvidar el imprescindible condimento *currywurst*.

Moda

5 Picknweight - **G3** - *Alte Schönhauser Str. 30* - Ⓤ *Weinmeisterstraße* - ✆ *030 40054388* - *www.picknweight.com* - *de lu. a sá. de 12:00 a 20:00 h.* Montones de ropa *vintage* vendida al peso. Todos los martes, de 12:00 a 15:00 h, 20 % de descuento. Otros puntos de venta Bergmannstraße 102 (Kreuzberg) y Hauptstraße 20 (Schöneberg).

6 Jünemann's Pantoffeleck - **G2** - *Torstr. 39* - Ⓤ *Rosa-Luxemburg-Platz* - ✆ *030 4425337* - *www.pantoffeleck.de* - *de lu. a vi. de 9:00 a 18:00 h.* Un taller de zapatillas (¡desde 1908!), con modelos clásicos y de diseño para niños y adultos.

Libros

32 Walther König - **G3** - *Burgstr. 27* - Ⓢ *Hackescher Markt* - ✆ *030 221205960* - *www.buchhandlung-walther-koenig.de* - *de lu. a sá. de 11:00 a 18:00 h (vi. hasta las 19:00 h).* A dos pasos de la Museumsinsel, es una excelente librería especializada en fotografía, arquitectura, diseño y artes decorativas. También vende numerosos catálogos de exposiciones y libros de arte.

Prenzlauer Berg

Plano del barrio **págs. 38-39**

Decoración

8 VEB Orange - **G1** - *Oderberger Str. 29* - Ⓤ *Eberswalder Straße* - ✆ *030 97886886* - *www.veborange.de* - *de lu. a sá. de 11:00 a 19:00 h.* Anticuario especializado en «ostalgie», nostalgia de la antigua RDA. Los cazadores de gangas encontrarán objetos, muebles y ropa de los años 70.

Moda

10 Thatchers - **G1** - *Kastanienallee 21* - Ⓤ *Rosenthaler Platz o Eberswalder Straße* - ✆ *030 4481215* - *www.thatchers.de* - *de lu. a sá. de 11:00 a 19:00 h.* Línea de ropa femenina urbana y elegante fundada en los años 90 por dos diseñadores berlineses.

11 Flagshipstore - **G1** - *Oderberger Str. 53* - Ⓤ *Bernauer Straße* - ✆ *030 43735327* - *www.flagshipstoreberlin.de* - *de 11:00 a 19:00 h, sá. hasta las 20:00 h.* Esta *boutique* reúne una treintena de marcas de ropa urbana, ética y de comercio justo para hombre y mujer. Una oportunidad para descubrir a jóvenes diseñadores berlineses que aún no tienen su propio *showroom*.

34 Kleid und Schuh - **H1** - *Sredzkistr. 34* - BUS *M10 (parada Husemannstraße),* Ⓤ *Eberswalder Straße* - ✆ *030 44034653 www.kleidundschuh.de* - *de lu. a vi. de 12:00 a 18:30 h, sá. de 11:00 a 19:00 h.* Lejos de los grandes circuitos de distribución, también está esta acogedora tienda de ropa, zapatos y otros accesorios femeninos. Muchos de los diseños son «made in Berlin». El taller está en el n.º 46, en la misma calle.

19 **Wunderwerk** - **G1** - *Kastanienallee 11 - U Rosenthaler Platz o Eberswalder Straße - ✆ 030 43773836 - www.wunderwerk.com - de lu. a sá. de 11:30 a 19:00 h.* Esta bonita tienda solo vende artículos ecológicos y respetuosos con el medio ambiente - y sin sustancias químicas.

Mercadillo

12 **Flohmarkt am Mauerpark** - **G1** - Bernauer Str. 63-64 - U *Bernauer Straße - ✆ 030 29772486 - www.flohmarktimmauerpark.de - do. de 10:00 a 18:00 h.* Objetos de decoración *vintage*, instrumentos musicales y cámaras antiguas. No te pierdas el karaoke gigante que tiene lugar durante toda la tarde.

13 **Trödelmarkt am Arkonaplatz** - **G1** - *Arkonaplatz - U Bernauer Straße - ✆ 0176 66666715 - www.troedelmarkt-arkonaplatz.de - do. de 10:00 a 18:00 h.* Especializado en objetos de los años 50 a 80, este pequeño rastro alternativo también merece una visita por su clientela, las familias de clase alta de Prenzlauer Berg.

Friedrichshain

Mapa extraíble

Moda

Bellanatur - **Fuera de plano** - *Marina Bell Boxhagener Str. 93 - U Samariter Straße - ✆ 030 29038568 - www.bellanatur.com - de lu. a sá. de 12:00 a 18:00 h.* Diseñada y fabricada en Berlín, la ropa de esta *boutique* es una gama femenina en la que el fieltro y la lana ocupan un lugar destacado. Rústica, pero muy urbana con sus colores vivos.

Prachtmädchen - **Fuera del plano** - *Wühlischstr. 28 - S U Warschauer Straße - ✆ 030 97002780 - www.prachtmaedchen.de - de lu. a vi. de 11:30 a 19:00 h, sá. desde las 12:00 h* Bonita *boutique* especializada en ropa Prachtmädchen («chicas magníficas»), con líneas urbanas y streetwear. Muchas marcas escandinavas.

HHV Store - **Fuera del plano** - *Grünberger Str. 54 - U Frankfurter Tor - ✆ 030 29367377 - www.hhv.de - de lu. a sá. de 12:00 a 20:00 h.* Originalmente una tienda de discos, esta tienda ha añadido ahora una amplia sección de moda joven y urbana. Encontrarás Wemoto, Stüssy, HUF... Todo lo necesario para pasear por Friedrichshain.

Segunda mano

Humana - **Fuera del plano** - *Frankfurter Tor 3 - U Frankfurter Tor o Tram M10 - ✆ 030 4222018 - www.humana-second-hand.de - de lu. a sá. de 10:00 a 20:00 h.* Con cinco plantas de artículos de segunda mano y *vintage* (de los años 50 a los 90) clasificados por colores, esta tienda benéfica tiene todas las papeletas para convertirse en el mayor templo europeo de la segunda mano. Los precios son ridículamente bajos.

Hahayoureugly - **Fuera del plano** - *Warschauer Str. 76 - S U Warschauer Straße - ✆ 176 72501641 - www.hahayoureugly.shop - de lu. a sá. de 13:00 a 19:00 h.* Armin y Kacper tienen el don de encontrar pepitas de oro en la categoría de «ropa loca», ¡a veces firmadas por grandes nombres de la moda!

Mercadillo

Flohmarkt am Boxhagener Platz - **Fuera de plano** - *Boxhagener Platz* - S U *Warschauer Straße* - *0152 27364176* - *do. de 10:00 a 18:00 h.* «Boxi» es uno de los mercadillos más atractivos de la ciudad, con agradables terrazas.

Papelería

Schwesterherz - **Fuera del plano** - *Gärtnerstr. 28* - S U *Warschauer Straße* - *030 77901185* - *www.schwesterherzundkuechenliebe.de* - *de lu. a vi. de 11:00 a 20:00 h, sá. de 10:30 a 19:00 h.* Adorable papelería llena de ideas para regalar.

Gendarmenmarkt

Plano del barrio págs. 26-27

Chocolates

18 **Rausch Schokoladenhaus** - **F4** - *Charlottenstr. 60* - U *Stadtmitte* - *030 757880* - *www.rausch.de* - *de lu. a sá. de 10:00 a 18:00 h, do. de 12:00 a 19:00 h.* Uno de los chocolateros más famosos de la ciudad, desde 1863. No te pierdas las maquetas de chocolate (el Reichstag, la Puerta de Brandeburgo) ni el «café de chocolate» de la segunda planta, con vistas al Gendarmenmarkt, donde podrás elegir la graduación de tu chocolate caliente (del 39 al 70 % de cacao).

Alrededores del Checkpoint Charlie

Plano del barrio págs. 68-69

Perfumes

7 **Frau Tonis** - **F5** - *Zimmerstr. 13* - U *Kochstraße* - *030 20215310* - *www.frau-tonis.com* - *de lu. a sá. de 10:00 a 18:00 h.* Una excelente gama de perfumes, todos fabricados en Berlín. Entre las estrellas de la casa: n.° 19 (Oud Weiss) y el excéntrico n.° 37 que tanto gustaba a Marlene Dietrich.

Kreuzberg

Plano del barrio págs. 68-69

Discos

14 **Hard Wax** - **H5** - *Köpenicker Str. 70* - U *Heinrich Heine Straße* - *030 61130111* - *www.hardwax.com* - *de lu. a sá. de 15:00 a 20:00 h.* Justo al lado del legendario club Tresor, una tienda de vinilos que atrae a aficionados al techno de todo el mundo.

Bombones

21 **Kadó** - **H7** - *Graefestr. 68* - U *Schönleinstraße* - *030 69041638* - *www.kado.de* - *de lu. a vi. de 9:30 a 17:00 h, sá. hasta las 14:00 h.* Esta tienda retro ofrece una impresionante selección de regaliz de todo el mundo.

Mercadillo

22 **Markthalle Neun** - **Fuera del plano** - *Eisenbahnstr.42* - U *Görlitzer Estación* - *www.markthalleneun.de* - *de ma. a vi. de 12:00 a 18:00 h, sá., de 10.00 a 18.00 h.* De los catorce construidos en Berlín en el siglo XIX, solo quedan tres, entre ellos este, que es la niña mimada de todo Kreuzberg desde que se

renovó en 2011. En los puestos, lo mejor de las granjas de Uckermark se codea con los quesos Alte Milch y las cervezas artesanas Heidenpeters. *Ju. de 17:00 a 22:00 h*, street food de noche.

Concept store

33 VooStore - **H6** - *Oranienstr. 24 - U Kottbusser Tor - 030 61651112 - www.vooberlin.com - de lu. a sá. de 11:00 a 19:00 h.* Al fondo del patio, un antiguo taller de cerrajería se ha reconvertido en concept store. No falta de nada: accesorios de moda, libros, diseñadores famosos y jóvenes (Kasia Kucharska, Chopova Lowena...). ¡Incluso hay una pequeña cafetería que sirve limonada de ruibarbo y té de *sakura*!

Moda

20 Loveco - **G7** - *Körtestr. 14 - Südstern - www.loveco-shop.de - de lu. a vi. de 12:00 a 19:00 h, sá. desde las 11:00 h.* Camisetas, vaqueros, zapatillas, bolsos... es el mejor lugar donde encontrar moda 100 % eco-responsable (incluso zapatillas veganas). Ochenta marcas. Otros puntos de venta: Eisenacher Str. 36-37 (Schöneberg) y Sonntagstr. 29 (Friedrichshain).

Neukölln

Mapa extraíble

Productos locales

Sommerfeld - **Fuera de plano** - *Richardstr. 31-32 - U Karl-Marx-Straße - 030 6876922 - www.sommerfeld-spirituosen.de - de lu. a sá. de 10:00 a 19:00 h.* En el corazón del antiguo barrio checo, una amplia gama de cervezas, brandies y otros licores. ¿Lo mejor? Licores tradicionales berlineses con comino (Grützmacher's Rixdorfer Kutscher Kümmel), perejil (Grützmacher's Rixdorfer Kutscher Kümmel) y otras especias...

Potsdamer Platz

Plano del barrio **págs. 76-77**

Grandes almacenes

36 Mall of Berlin - **F5** - *Leipziger Platz 12 - S U Potsdamer Platz - 030 20621770 - www.mallofberlin.de - de lu. a sá. de 10:00 a 20:00 h.* Bajo el techo de cristal, una reluciente y colosal galería comercial que reúne marcas internacionales y algunas etiquetas que quizá aún no conozcas (Falke, Liebeskind, Deichmann, Sportalm...). 270 tiendas.

Tiergarten

Mapa extraíble

Decoración

24 KPM - **C4** - *Wegelystr. 1 - S Tiergarten - 030 232560485 - www.kpm-berlin.com - de lu. a sá. de 10:00 a 18:00 h - visita guiada (1:15 h) en alemán 15 € los sá. a las 14:00 h.* Fabricación, exposición y venta de objetos marcados con un cetro azul de la famosa Real Fábrica de Porcelana de Berlín. Opción de comer allí.

25 Manūfactum - **B4** - *Hardenbergerstr. 4-5 - S Ernst-Reuter-Platz - 030 24033844 - www.manufactum.de - de lu. a vi. de 10:00 a 20:00 h, sá. hasta las 18:00 h.* Todo para el hogar, de la cocina al salón, del jardín a la oficina. Tienda especializada en una selección de objetos de diseño y retro de muy buena calidad, marcas alemanas y europeas.

Tienda de comestibles

26 **Brot und Butter Manūfactum** - **B5** - *Hardenbergerstr. 4-5 - Ⓢ Ernst-Reuter-Platz - ✆ 030 26300346 - www.brot-und-butter.de - de lu. a sá. de 8:00 a 18:00 h.* Al igual que su gemela Manūfactum (dedicada al interiorismo), esta panadería y charcutería ofrece pan de masa madre, pasteles, productos retro y un rincón de café con especialidades en sándwiches.

Mercadillo

27 **Trödelmarkt en der Straße-des-17-Juni** - **C4** - *Str. des 17 Juni - Ⓢ Tiergarten - ✆ 030 26550096 - www.berlinertroedelmarkt.com - de 10:00 a 16:00 h.* A la salida de la estación de S-Bahn de Tiergarten, uno de los mayores mercadillos de la ciudad. Platería, porcelana, vinilos... Ya no encontrarás gangas aquí, pero sigue siendo un lugar agradable para pasear entre los puestos.

Kurfürstendamm

Mapa extraíble

Grandes almacenes

28 **KaDeWe** - **C6** - *Tauentzienstr. 21-24 - Ⓤ Wittenbergplatz - ✆ 030 21210 - www.kadewe.de - de lu. a ju. de 10:00 a 20:00 h, vi. hasta las 21:00 h, sá. hasta las 20:00 h (abierto algunos do., consultar en la página web).* Una auténtica institución berlinesa. No te pierdas la planta superior, dedicada a los más *gourmets*, con su increíble selección de platos *pág. 117.*

37 **Bikini Berlin** - **C5** - *Budapester Str. 38-50 - Ⓢ Ⓤ Zoologischer Garten, Ⓤ Kurfürstendamm - ✆ 030 55496455 - www.bikiniberlin.de - de lu. a sá. de 10:00 a 20:00 h.* Un centro comercial que se sale de lo común dando protagonismo a jóvenes diseñadores. No te pierdas la elegante moda de Blutgeschwister y el mostrador de regaliz Lakrids, del danés Johan Bülow.

Decoración

30 **Living Berlin** - **C5** - *Kantstr. 17 Ⓤ Uhlandstraße - ✆ 030 217998399 - www.living-berlin.com- de lu. a sá. de 10:00 a 19:00 h.* En varias plantas, una selección de hermosos muebles y accesorios creados por los mejores diseñadores contemporáneos. Merece la pena visitarla.

Concept store

30 **Andreas Murkudis** - **E6** - *Potsdamer Str. 81 - Ⓤ Bülowstraße, Kurfürstenstraße - ✆ 030 680798306 - www.andreasmurkudis.com - de lu. a sá. de 11:00 a 19:00 h.* Ubicado en el antiguo Tagesspiegel, este concept store ofrece ropa (de hombre y mujer), bolsos, porcelana, muebles, maquillaje y mucho más. El espacio es magnífico, y cada objeto contribuye a la decoración.

Salir por la noche

Para disfrutar de la espectacular vida nocturna berlinesa, no te pierdas los barrios de **Scheunenviertel** (corazón del Berlín reunificado), **Prenzlauer Berg** (punto de encuentro de los noctámbulos desde la caída del Muro), **Friedrichshain** (el más *hippie* de los últimos años), **Charlottenburg** (en torno a Savigny Platz), **Kreuzberg** (antiguo bastión de la vida nocturna en Berlín Oeste), **Neukölln**, **Mitte** y **Wedding** (por sus *happenings*).

Berlín cuenta con tres óperas, grandes salas de espectáculos, múltiples teatros, diversas escenas alternativas e innumerables bares, clubes y salas de conciertos, por no hablar de los antiguos cabarets y teatros de variedades...

Unter den Linden

Plano del barrio **págs. 26-27**

8 **Kunstfabrik Schlot** - **F2** - *Invalidenstr. 117* - U *Naturkundemuseum* - *030 4482160* - *www.kunstfabrik-schlot.de.* Esta fábrica, donde se hicieron las primeras lámparas incandescentes de Alemania, se dedica ahora al jazz. También hay espectáculos de cabaret algunos domingos.

2 **Distel** - **F3** - *Friedrichstr. 101 - cerca de la estación Friedrichstraße* - U *Friedrichstraße* - *030 2044704 - www.distel-berlin.de - taquilla online o allí desde las 11:00 h hasta el comienzo del espectáculo (sá. y do. y festivos desde las 12:00 h).* Uno de los cabarets más divertidos y sarcásticos de Berlín. En el punto de mira: los políticos. Las entradas cuestan entre 21 y 36 €.

8 **Friedrichstadt-Palast** - **F3** - *Friedrichstr. 107* - U *Friedrichstraße* - *030 23262326 - www.palast.berlin - taquilla de 13:00 a 18:30 h - 20/200 €.* Creado en 1919 por el actor y director Max Reinhardt, el Palast es uno de los escenarios más grandes de Europa (1899 localidades) y el templo de los espectáculos glamurosos con bailarines, acróbatas y un sinfín de efectos especiales.

No puedes perderte

www.eventim.de - Reserva de entradas para espectáculos (sección «Alle Orte», Berlín).
www.visitberlin.de - Agenda y reservas online, o en Berlín Tourist Info. *pág. 141.*
www.indexberlin.de - La agenda imprescindible de las inauguraciones.
Prensa especializada - Consulta las revistas culturales *Zitty (www.zitty.de)* y *Tip (www.tip-berlin.de).*
Folletos - Muchos eventos — noches de techno, soul y electro, conciertos al aire libre, etc.— se anuncian en folletos. Se pueden encontrar en cafés y tiendas de Kreuzberg, Friedrichshain, Scheunenviertel y Neukölln.

23 Pierre-Boulez-Saal - **G4** - *Französische Str. 33d - BUS 100, 200 TXL para «Staatsoper» - ✆ 030 47997411 - www.boulezsaal.de - 10/65 €.* Una nueva apuesta segura para los melómanos: la sala modular de 682 plazas, construida por iniciativa de Daniel Barenboim por el arquitecto Frank Gehry (2017). Aquí se programan un centenar de conciertos de música de cámara al año: lieder de Schubert, sonatas de Mozart...

Prenzlauer Berg

Plano del barrio **págs. 38-39**

5 Kulturbrauerei - **H1** - *Knaackstr. 97 - U Eberswalder Straße - ✆ 030 44352170 - www.kulturbrauerei.de.* Antigua brasería del siglo XIX con restaurantes, multicines, discotecas, salas de conciertos, galerías, centros de teatro y tiendas. Merece la pena mencionar el Soda Club *(www.soda-berlin.de)* y sus noches de salsa de los jueves, o el Alte Kantine *(www.alte-kantine.eu)*, meca de la música pop de la antigua RDA, los miércoles por la noche, con entrada a 3 €... ¡Para mayores de veintinueve años!

Friedrichshain

Mapa extraíble

Berghain y Panorama Bar - **Fuera del plano** - *En Wriezener Estación - S Ostbahnhof - ✆ 030 29360210 - www.berghain.berlin - desde las 0:00 h (a partir de las 22:00 h algunas noches).* El lugar de referencia de los clubs de todo el mundo se encuentra en una antigua central eléctrica. Tendrás que armarte de paciencia para entrar, la cola suele ser muy larga, y se reservan el derecho de admisión.

La Philharmonie, diseñada por Hans Scharoun y Edgar Wisniewski.

7 Yaam - **H5** - *Un der Schillingbrücke 3 - S Ostbahnhof - ✆ 030 6151354 o 175 7620494 - www.yaam.de - desde las 11:00 h (conciertos desde las 23:00 hh o medianoche).* En este pedacito de Jamaica a orillas del Spree, con los pies en la arena y sonando música reggae, se puede beber cerveza con sabor a fruta de la pasión, entre otras cosas.

Watergate - **Fuera de plano** - *Falckensteinstr. 49 - U Schlesisches Tor - ✆ 030 61280394 - www.water-gate.de - desde las 23:00 h, cerrado de do. a ma.* En este club de electrónica, la pista de baile, a ras del Spree, se cubre de reflejos dorados al amanecer.

Cassiopeia - **Fuera del plano** -*Revaler Str. 99 Tor II* - Ⓢ Ⓤ *Warschauer Straße - ✆ 030 47385949 - www.cassiopeia-berlin.de - desde las 19:00 o 23:00 h.* Un enorme descampado industrial con paredes cubiertas de grafitis que acoge conciertos y sesiones de DJ, bares al aire libre e incluso un rocódromo.

Arena - **Fuera del plano** - *Eichenstr. 4* - Ⓢ *Treptower Park,* Ⓤ *Schlesisches Tor - ✆ 030 5332030 - www.arena.berlin.* La antigua estación de autobuses (1927) acoge conciertos, incluso al aire libre. El Badeschiff, una piscina flotante en el río Spree *(abierta de mayo a principios de septiembre* *pág. 71)* añade interés al lugar.

④ **Holzmarkt 25** - **H4** - *Holzmarktstr. 25* - Ⓢ *Ostbahnhof o* Ⓤ *Jannowitzbrücke - www.holzmarkt.com.* Con sus pistas de baile y sus DJ, este bastión de la cultura alternativa —uno de los últimos de la ribera en resistir la presión de los inversores del proyecto Mediaspree (*pág. 165*)— no ha perdido ni un ápice de su creatividad. Las juergas conocidas como SaSoMo («sábado-domingo-lunes sin parar») son ya más raras, pero se siguen programando conciertos (fechas en la página web, sección «Kalender»).

La capital gay de Europa

En el barrio de Schöneberg, metro Wittenbergplatz o Nollendorfplatz, explora Fuggerstraße, Motzstraße, Ansbacher Straße, Eisenbacher Straße, Martin-Luther-Straße. Encontrarás la revista de información gratuita en todas partes, *Siegessäule*. Ve a la playa de Wannsee, Strandbad Wannsee S-Bahn dirección Potsdam a Nikolassee. Y por último, la discoteca ㉕ **Connection Club** - **D6** - *Fuggerstraße 33 - www.connectionclub.de.*

Kreuzberg

Plano del barrio **págs. 68-69**

⑫ **Monarch Club** - **H6** - *Skalitzer Str. 134* - Ⓤ *Kottbusser Tor - ✆ 030 61656003 - www.kottimonarch.de - ma. y mi. de 20:00 a 3:00 h, de ju. a sá. de 10:00 a 6:00 h.* Este pequeño club escondido en la primera planta de un edificio de viviendas sociales, con una vista ininterrumpida del metro, bien merece una visita. Se entra por una pequeña puerta frente al *döner kebab*.

⑬ **Tresor** - **H5** - *Köpenicker Str. 70* - Ⓤ *Heinrich Heine Calle - ✆ 030 62908750 - www.tresorberlin.com - desde las 0:00 h.* Este legendario club de electrónica, fundado a principios de los años 90 en la bóveda de unos antiguos grandes almacenes (de ahí el nombre), ocupa ahora una fábrica laberíntica. Merece la pena visitarlo.

⑭ **Ritter Butzke** - **G5** - *Ritterstr. 24-26* - Ⓤ *Moritzplatz - club.ritterbutzke.com - vi. y sá. desde las 23:00 h.* Este club ocupa una enorme fábrica abandonada de ladrillo rojo. Dispone de varias salas decoradas alocadamente y de una zona al aire libre en verano.

⑮ **Junction Bar** - **F7** - *Gneisenaustr. 18* - Ⓤ *Gneisenaustraße - ✆ 030 6946602 - www.junction-bar.de - conciertos de do. a ju. desde las 20:30 h, vi. y sá. desde las 21:00 h.* Famoso bar de Kreuzberg donde la velada comienza sobre las 21:00 o

22:00 h con música en directo (rock, jazz, soul, funk, etc.); a continuación, los DJ pinchan house, funk y soul hasta el amanecer.

Kulturforum

6 Philharmonie Berlin - **E5** - *Herbert-von-Karajan-Str. 1 - S U Potsdamerplatz - ✆ 030 254 88-999 - www.berliner-philharmoniker.de - compra de entradas online o por teléfono (de lu. a vi. de 9:00 a 16:00 h) - de 26 a 305 € según la categoría.* El «corazón musical» de Berlín desde 1963 (*pág. 83*). Además de la Filarmónica de Berlín, esta prestigiosa sala acoge regularmente a otros conjuntos.

Tiergarten

Mapa extraíble

24 Tipi am Kanzleramt - **E4** - *Große Querallee - BUS 100 (parada Platz der Republik), S U Hauptbahnhof - ✆ 030 39066550 - www.tipi-am-kanzleramt.de - espectáculos a las 20:00 h, do. desde las 19:00 h.* Bajo la carpa, junto al Bundeskanzleramt, se suceden las operetas, los espectáculos de variedades y los vodeviles... *Cabaret*, el famoso musical que evoca el Berlín de los años 30, se representa a menudo aquí. Cena espectáculo sobre las 18:30 h.

Kurfürstendamm

Mapa extraíble

18 Wintergarten Varieté Berlin - **E6** - *Potsdamer Str. 96 U Bülowstraße, Kurfürstenstraße - ✆ 030 588433 - www.wintergarten-berlin.de.* Este teatro ofrece un programa de entretenimiento que cambia cuatro o cinco veces al año, con espectáculos de variedades, acrobacias y magia.

19 A-Trane - **B5** - *Bleibtreustr. 1 - S Savignyplatz - ✆ 030 3132550 - www.a-trane.de - desde las 20:00 h (conciertos desde las 21:00 h).* El A-Trane es un excelente club de jazz, a la vez chic y relajado. Músicos famosos como Herbie Hancock, Ray Brown y Wynton Marsalis han actuado aquí. Los sá., los músicos tocan hasta el amanecer.

20 Bar Jeder Vernunft - **C6** - *Schaperstr. 24 - U Kurfürstendamm o Spichernstraße - ✆ 030 8831582 - www.bar-jeder-vernunft.de - taquilla de lu. a vi. de 12:00 a 18:30 h, sá. y do. de 15:00 a 17:30 h.* Este templo del espectáculo, el cabaret y la comedia musical evoca el Berlín de los años 20, con sus glamurosas cenas de 43 € (entrante y plato principal servidos antes del espectáculo, postre en el intermedio). ¡Toda una institución!

Charlottenburg

Mapa extraíble

21 Deutsche Oper- **B4** - *Bismarckstr. 35 - U Deutsche Oper - ✆ 030 34384343 - www.deutscheoperberlin.de.* Es uno de los tres teatros de ópera de Berlín, junto con la Staatsoper y la Komische Oper (*págs. 22 y 24*). Ofrece un gran repertorio de ópera y ballet y también apoya las propuestas contemporáneas.

22 Quasimodo Berlin -*C5 -Kantstr. 12a - S U Zoologischer Garten - ✆ 030 31804560 - www.quasimodo.de - desde las 22:30 h.* Uno de los mejores clubes de jazz de la ciudad.

Dónde dormir

Elige los barrios céntricos (Mitte) y la proximidad de una estación de U-Bahn (metro) o S-Bahn (el equivalente al cercanías). Los barrios de Kreuzberg, Prenzlauer Berg y Friedrichshain son recomendables para aquellos a los que les gusta salir.

Localiza las direcciones en el mapa extraíble utilizando los puntos numerados (ej. 1). Las coordenadas en rojo se refieren al mismo mapa.

Nuestras tarifas corresponden al precio mínimo de una habitación doble en temporada alta.

Lugares principales de reservas

Berlin Tourismus Marketing GmbH - *www.visitberlin.de*. Reservas e información (habitaciones de hotel y pensión).
Hotel Reservation Service - *www.hrs.de*
Motel Uno - *www.motel-one.com*. Diez hoteles funcionales y con estilo en Berlín, desde 89 €.
Meininger - *www.meininger-hotels.com*. Cadena de hoteles más básicos, desde 100 € la noche (30 € en habitaciones compartidas).
Old Town Appartaments - *www.ota-berlin.de*. Servicio de reserva de apartamentos para estancias cortas.
Couchsurfing - *www.9flats.com*. Más de 1600 direcciones de estudios, lofts y pisos (200 de ellos en el barrio de Prenzlauer Berg) para alojarse desde 54 €.

Reichstag

Mapa extraíble

De 85 a 130 €

6 **Arte Luise Kunsthotel** - **F3** - *Luisenstr. 19 - S U Friedrichstraße - 030 284480 - www.luise-berlin.com - P 15 €/día - 50 habitaciones 81/143 € - 12,50 €* - . El antiguo palacio (1825), catalogado como monumento histórico, se ha convertido en un original hotel, donde los artistas han añadido su firma a cada una de las habitaciones.

Scheunenviertel

Plano del barrio **págs. 38-39**

Menos de 85 €

20 **St Christopher's Berlin Hostel** - **G3** - *Rosa Luxemburg Str. 39-41 - U Rosa Luxemburg Platz - 030 81453960 - www.st-christophers.co.uk - P - dormitorios (6-16 camas) 32/40 €/pers. y habitación doble 100/120 €* - . En el corazón de Mitte, este albergue juvenil de primera clase ofrece varias habitaciones dobles con baño privado o compartido.

8 **The Circus Hostel** - **G2** - *Weinbergsweg 1a - U Rosenthaler Platz - 030 20003939 - www.circus-berlin.de - dorms 24/34 €, habitaciones dobles con baño a partir de 100 €*. A pocos minutos a pie de Hackescher Markt, un agradable albergue con habitaciones luminosas y coloridas. Numerosos servicios (internet, alquiler de bicicletas, etc).

De 85 a 130 €

21 **Amano** - **G2** -*Auguststr. 43 - U Weinmeisterstraße - 030 8094150 - www.amanogroup.de* - P - -*164 habitaciones 115/135 € - 15 €* - . El blanco y el marrón de las paredes y el mobiliario recuerdan a Berlín Este y se funden con las líneas limpias y contemporáneas. El resultado es un hotel *modern-chic* muy recomendable.

Alexanderplatz

Plano del barrio **págs. 46-47**

De 130 a 180 €

23 **Motel One Berlin-Hackescher Markt**- **G3** - *Dircksenstr. 36 - S Alexanderplatz - 030 20054080 - www.motel-one.com* - P *16 €/día* - - *207 habitaciones, 135 €* . Este hotel ultra funcional y muy limpio, estratégicamente situado cerca de la Alex, presenta colores blancos y turquesas en sus 200 habitaciones. Para los amantes del diseño minimalista.

3 **Alexander Plaza** - **G3** - *Rosenstr. 1 - SU Alexanderplatz - 030 240010 - classik-hotel-collection.com* - P *17 €/día* - - *94 habitaciones 148/220 € - 17,50 €* - . Edificio renovado cerca de Hackescher Markt. Habitaciones modernas, algunas con cocina americana.

Prenzlauer Berg

Plano del barrio **págs. 38-39**

De 85 a 130 €

22 **Pfefferbett Hostel Berlin** -**G2** - *Christinenstr. 18-19 - U Senefelderplatz - 030 93935858 - www.pfefferbett.de* - - *45 habitaciones 149 € y dormitorios 38/45 €/pers. (un dormitorio con 6 camas reservado para mujeres) - 7 €* - . Este nuevo albergue juvenil ocupa un edificio industrial de 150 años de antigüedad. Los modernos añadidos complementan a la perfección los viejos ladrillos. ¡Un serio competidor para los hoteles de diseño!

Arte Luise Kunsthotel

Hotel Arte Luise.

De 130 a 180 €

1 **Adele Designhotel Berlin** - **H2** - *Greifswalder Str. 227 - S Tram Am Friedrichshain - 030 44324313 - www.adele-berlin.com - 16 habitaciones 152/169 € - 15 € (servido en el Café Melon).* Pequeño hotel cerca del Volkspark Friedrichshain, bonitas habitaciones bien equipadas con un toque Art Déco.

11 **Birgit Hotel** - **G2** - *Schwedter Str. 15* - U *Senefelderplatz* - ✆ *030 4432990* - *www.hotelbirgit.com* - P *15 €/día* - ♿ - *53 habitaciones 154/199 €* - ☕ *19 €*. Una dirección familiar al pie de Prenzlauer Berg. El jardín del hotel tiene una bonita terraza.

4 **Oderberger** - **G1** - *Oderberger Str. 57* - U *Eberswalder Straße o* Tram *M1 parada Kastanienallee* - ✆ *030 780089760* - *www.hotel-oderberger.berlin* - *70 habitaciones de 20 m² a 139/157 €* ☕ *20 €*. Los antiguos baños municipales de Prenzlauer Berg (1898) se han transformado en un hotel *boutique* (2016). La piscina está abierta a los huéspedes sin cargo adicional y sin reserva. ¡No olvides el bañador!

Friedrichshain

De 130 a 180 €

Michelberger Hotel - **Fuera del plano** - *Warschauer Str. 40* - S U *Warschauer Straße* - ✆ *030 29778590* - *www.michelbergerhotel.com* - P *10 €/noche* - ♿ - *134 habitaciones 136/189 €* - ☕ *18 €* - ✕. Un grupo de amigos ha unido sus talentos para transformar esta antigua fábrica en un hotel de lo más inusual. La decoración es alocada y sobria a la vez.

Kreuzberg

Plano del barrio **págs. 68-69**

Menos de 85 €

27 **Comebackpackers Hostel** - **H6** - *Adalbertstr. 97* - U *Kottbusser Tor* - ✆ *030 60057527* - *www.comebackpackers.com* - *60 camas en dormitorios 12/32 €/pers.* Un albergue juvenil con el típico encanto berlinés, ubicado en un edificio de bajos ingresos, con una gran terraza que ofrece una impresionante vista de Kottbusser Tor, el centro neurálgico de Kreuzberg. Precio mínimo.

Neukölln

Plano del barrio **págs. 68-69**

De 130 a 180 €

29 **Hüttenpalast** - **H7** - *Hobrechtstr. 66* - U *Hermannplatz* - ✆ *030 37305806* - *www.huettenpalast.de* - ♿ - *18 habitaciones de 80 a 180 €* ☕. Hotel con gran encanto, donde se puede dormir en caravanas y cabañas transformadas en confortables habitaciones con decoración de diseño.

Potsdamer Platz

Plano del barrio **págs. 76-77**

De 85 a 130 €

7 **Aletto Potsdamer Platz** - **E6** - *Luckenwalder Str. 12* - U *Gleisdreieck* - ✆ *030 233214300* - *www.aletto.com* - *95/170 € (los precios varían considerablemente de un día para otro)* - ☕ *19,50 €*. Cerca del Museo de Técnicas *(pág. 70)* y de la estación de metro de Gleisdreieck (y no de Potsdamer Platz, como su nombre indica), se trata de un hotel amplio, moderno y funcional, donde podrás dormir tranquilo. Personal muy amable.

35 **Motel One Berlin-Potsdamer Platz** - **F5** - *Leipziger Platz 12* - S U *Potsdamer Platz* - ✆ *030 20670780* - *www.motel-one.com* - P *20 €/día* -*239 habitaciones 115/135 €* - ☕ *16,90 €*. Los antiguos grandes almacenes Wertheim, transformados en un hotel ultrafuncional, ofrecen

la mejor relación calidad-precio del distrito de Potsdamer Platz. El desayuno, con vistas al Bundesrat, es apetitoso y el transporte público está al alcance de la mano.

Kurfürstendamm

Mapa extraíble

De 85 a 130 €

34 **Hotel-Pension Funk** - **C6** - *Fasanenstr. 69 - U Kurfürstendamm o Uhlandstraße - 030 8827193 - www.hotel-pensionfunk.de - P 13 €/día - 14 habitaciones unos 109 €*. En los años 30 fue la segunda residencia berlinesa de una diva danesa del cine mudo. Papel pintado de flores y muebles de época.

13 **Pension Peters** - **B5** - *Kantstr. 146 - S U Zoologischer Garten o S Savigny Platz - 030 3122278 - www.pension-peters-berlin.de - habitaciones de 85 a 160 €*. Pensión modesta pero muy acogedora, situada a 5 min a pie del metro (la calle es transitada: si eres sensible al ruido, opta por una habitación del lado del patio). Desayuno ecológico muy bueno y variado.

De 130 a 180 €

2 **Hotel Henri** - **C6** - *Meinekestr. 9 - U Kurfürstendamm - 030 884430 - www.henri-berlin.com - 68 habitaciones 124/169 €*. Un encantador hotel *boutique* con acogedores salones y tres categorías de habitaciones: las cabinas compactas (14-17 m²); las habitaciones (17-22 m²) y el Salon-Zimmer (24-34 m²). Bonus: ¡sándwiches gratis por la tarde! (*de 19:00 a 21:00 h*).

5 **Hotel Art Nouveau** - **B5** - *Leibnizstr. 59 - U Adenauerplatz - 030 3277440 - www.hotelartnouveau.de - P - 21 habitaciones 140/165 € - 20 €*. Pequeño hotel con encanto encaramado en la cuarta planta, al que se accede por un ascensor antiguo (¡1906!). Habitaciones con muebles antiguos y suelos de madera.

10 **Hollywood Media Hotel** - **B6** - *Kurfürstendamm 202 - U Uhlandstraße - 030 889100 - www.filmhotel.de - P 15 €/día - 217 habitaciones 134/177 €*. Hotel renovado dedicado al mundo del cine, con cuadros y otros accesorios. También hay una pequeña sala de cine (99 butacas).

12 **Q!** - **B5** - *Knesebeckstr. 67 - Uhlandstraße - 030 8100660 - www.hotel-q.com - P - 77 habitaciones alrededor de 144 € - 20 €*. La baza de este hotel: el diseño. Habitaciones confortables en una mezcla de tonos claros y oscuros, en un estilo minimalista contemporáneo.

Potsdam

De 85 a 130 €

Am Großen Waisenhaus - *Lindenstr. 28/29 - 12 min a pie desde la estación - 0331 6010780 - www.hotelwaisenhaus.de - P 10 €/día - 33 habitaciones 105/160 €*. Habitaciones amplias y confortables donde dormir profundamente en el centro histórico. El largo edificio, originalmente un cuartel (arquitecto Jan Boumann, 1753), se utilizó durante mucho tiempo como hospital para huérfanos. ¡El desayuno (incluido) es increíble!

INFORMACIÓN PRÁCTICA

Planificar el viaje

Trámites de entrada 140

Viajar en avión, Viajar en tren 140

Dinero, Clima, Para saber más 141

Tu estancia de la A a la Z

Bancos, Bicicleta 142

Bicitaxi, Correos, Días festivos, Diferencia horaria, Electricidad, Embajadas, Horarios 143

Internet, Mercados, Pases turísticos, Prensa, Propinas, Restauración 144

Tabaco, Taxi, Teléfono 145

Transporte público 146

Visitas, Visitas guiadas 147

Eventos y espectáculos

Eventos anuales 149

Bienales 151

Otros eventos 151

La catedral de Berlín y el Spree.
bluejayphoto/Getty Images Plus

Planificar el viaje

Trámites de entrada

Documento de identidad obligatorio -Documento de identidad o pasaporte en vigor.

Visado - Los ciudadanos españoles y de la Unión Europea no necesitan visado.

Aduanas - En virtud del Acuerdo de Schengen, no se efectúan controles al cruzar la frontera con ningún país de la UE. Si llegas de fuera de la Unión Europea, debes pasar por la aduana y declarar las mercancías que traes contigo.

Consulta la información más reciente (riesgos de seguridad, trámites de residencia, requisitos sanitarios, legislación local, etc.) en exteriores.gob.es. móvil «Recomendaciones de viaje».

Viajar en avión

El aeropuerto internacional de Berlin-Brandeburgo Willy-Brandt (BER) está situado al sur de Berlín, en el municipio de Schönefeld. Para más información, llama al ✆ 030 609160910 - www.ber.berlin-airport.de (principalmente en inglés y alemán).

Llegar a Berlín pág. 3.

Líneas aéreas regulares

Iberia - ✆ 91 879 00 33 - www.iberia.com

Lufthansa - ✆ 919 464 025 - www.lufthansa.com

Compañías de bajo coste

EasyJet - www.easyjet.com

Vueling - www.vueling.com

Ryanair - www.ryanair.com

Vuelos directos desde Madrid, Barcelona, Valencia, Málaga, Alicante, Palma de Mallorca, Santa Cruz de Tenerife y Las Palmas de Gran Canaria. Mayor frecuencia y disponibilidad de vuelos en verano

Viajar en tren

Si optas por viajar en tren, te aconsejamos que tomes un tren de alta velocidad que te lleve a Barcelona Sants. Una vez allí, puedes optar por cualquiera de las siguientes combinaciones. Hacia Paris Gare de Lyon, luego desde Paris Gare de l'Est a Karlsuhe Hbf, y de allí a Berlin Hbf, lo que se realiza en unas 20 h. O bien de Barcelona a Nimes Central, de allí a Paris Austerlitz, y de Paris Gare de l'Est a Berlin Hbf, para lo que se emplean unas 25 h.

SNCF - ✆ 35 65 - www.sncf-connect.com

Deutsche Bahn (DB) - www.bahn.com

Renfe - www.renfe.com

Dinero

La moneda es el **euro**.

Tarjetas de crédito aceptadas - Visa y Eurocard son las más aceptadas en Berlín. Ten en cuenta que los restaurantes, cafés y bares suelen preferir el pago en efectivo. Así que asegúrate de llevar siempre algo de cambio. Atención: a veces es difícil encontrar un cajero automático en algunos barrios del este de la ciudad.

Pérdida de tarjetas: ¡Que no cunda el pánico!» pág. 143.

Clima

Verano - Temperaturas medias: de 22 a 23 °C, con picos de más de 30 °C.
Invierno - Media de 2 a 3 °C, con períodos de frío extremo (aunque la nieve y el hielo son poco frecuentes).
Viento - Frío, que puede ser muy fuerte y cortante en **invierno** pero proporciona algo de frescor en pleno **verano**.
Precipitaciones - Repartidas uniformemente a lo largo del año, Bruselas o Ginebra.
El mejor momento para viajar - Los mejores meses del año son de **mayo a septiembre**, cuando la ciudad está más verde y las calles más concurridas.
El período que va **desde Adviento** (antes de Navidad) **hasta Nochevieja**, a pesar del frío, también merece una visita: el ambiente acogedor de los mercadillos navideños (el Gendarmenmarkt es uno de los más bonitos) y el placer de disfrutar de una reconfortante pausa en un café tomando un *latte macchiato* o un vigorizante *Glühwein* (vino caliente con especias) contribuyen a la magia de Berlín en esta época del año.

Para saber más

www.visitberlin.de - Página web de la Oficina de Turismo de Berlín, en alemán e inglés. La Oficina de Turismo dispone de varios quioscos por toda la ciudad, conocidos como «**Berlin Tourist Info**»:
Flughafen BER - Aeropuerto Willy-Brandt (terminal 1, nivel 0) - de 9:00 a 21:00 h.
Hauptbahnhof - Estación central (planta baja - entrada Europa Platz 1) - de 8:00 a 21:00 h (lu. hasta las 19:00 h).
Puerta de Brandeburgo - Pariser Platz (ala sur del monumento) - de 10:00 a 18:00 h.
www.germany.travel/es - Página web de la Oficina Nacional Alemana de Turismo en España.

Tu estancia de la A a la Z

Bancos

Todos los grandes bancos están representados por varias sucursales en la capital.

Bicicleta

La bicicleta es una gran opción en Berlín, y no podemos dejar de recomendarla como forma de descubrir la ciudad: quizá sea la manera más rápida y agradable de desplazarse durante el fin de semana. La ausencia de grandes cuestas, y la calidad y densidad de los carriles bici, hacen que sea una forma estupenda de desplazarse. Los espacios verdes y los bosques también son ideales para pasear sobre dos ruedas.

Call a Bike, el BiciMad a la berlinesa

Berlín también tiene su propio sistema de alquiler de bicicletas: rojas y plateadas, disponibles en los grandes cruces y en las principales estaciones de S-Bahn, ya que las «Call a Bike» —de las que hay casi 2000— pertenecen a Deutsche Bahn (la compañía nacional de ferrocarriles). El uso de una «Call a Bike» cuesta 1 € por cuarto de hora (tarifa máxima diaria: 9 €, edad mínima 18 años). Información e inscripción en ✆ 069 42727722 o www.callabike.de.

Puntos de alquiler de bicicletas

Se encuentran principalmente en Mitte: Auguststr. 29a en Mitte - de lu. a vi. de 10:00 a 19:00 h, sá. de 10:00 a 16:00 h. También en la estación Friedrichstr. (entrada Dorotheenstr. 30) - de 10:00 a 19:00, sá. de 10:00 a 16:00 - ✆ 030 2151566 - www.fahrradstation.de - precio: 15 €/día; 25 € por 3 días (39 € los fines de semana).

A lo largo del Muro

La ruta ciclista de los 160 km del Muro de Berlín sigue en gran parte las antiguas *kolonnenwege*, las rutas utilizadas por las patrullas de antiguos soldados de la RDA para vigilar los accesos y transportar camiones de suministros. El mapa y la descripción de la ruta «Mauer Radweg» están disponibles en la página web berlin.de/mauer/en (pestaña: la ruta del muro).

Otras rutas

Entre las demás rutas ciclistas, te recomendamos las originales y poco transitadas rutas por el patrimonio industrial de Berlín. En la actualidad existen cinco *radrouten* de este tipo, de entre 20 y 25 km de longitud. La ruta n.º 4, por ejemplo, es un círculo de 23 km alrededor del Tiergarten (2:30 h sin paradas), que pasa por el Museo alemán de Técnicas *(pág. 70)*, la Real Fábrica de Porcelana (KPM, *pág. 128*) y la central eléctrica de Charlottenburg. Los mapas de las *radrouten* pueden descargarse en *Industriekultur.berlin/erleben/fahrradrouten/radrouten-flyer.*

¡Atención!

Las amplias aceras de Berlín se utilizan como carril bici. Peatones, fijaos en las marcas viales que delimitan la zona ciclista.

Bicitaxi

De abril a octubre, los bicitaxis (*biketaxis*), recorren Berlín de 9:00 a 18:30 h. Pueden transportar a dos pasajeros. Tarifa: 55 € por 1 h. ✆ 030 93958346 - www.biketaxi.de

Correos

Como en España, el amarillo es el color de correos. La tarifa es de 1,10 € por tarjeta postal o carta normal (hasta 20 g) a Francia y Europa. *«Horario» pág. 142.*

Días festivos

Año Nuevo (1 de enero); Viernes Santo; Semana Santa (domingo y lunes de Pascua); Día del Trabajador (1 de mayo); Ascensión; Pentecostés (domingo y lunes de Pentecostés); Fiesta Nacional (3 de octubre); Día de la Reforma (31 de octubre, solo en Brandeburgo); Navidad (25 y 26 de diciembre).

Diferencia horaria

Visto desde la España peninsular, no hay ninguna. La hora vigente en Berlín es la hora centroeuropea, es decir GMT + 1 (y GMT + 2 entre abril y octubre).

Electricidad

La tensión de red es de 220 voltios, como en toda Europa continental. Si viaja desde Canarias ya sabe que tiene que tiene una hora más.

Embajadas

Embajada de España - Lichtensteinallee 1 - 10787 Berlin
✆ desde España: +49 30 254 007 0
✆ desde Alemania: 030 254 007 0
emb.berlin.inf@maec.es

¡Que no cunda el pánico!

Teléfono de urgencias en Europa - ✆ 112
Urgencias médicas - ✆ 116117
Urgencia dental - ✆ 030 89 00 43 33
Toxicología - ✆ 030 192 40
Artículos encontrados - ✆ 902 77 31 01
Pérdida de tarjetas bancarias - Todo tipo de tarjetas: ✆ 116 116; Amex: ✆ 0800 185 3100; Eurocard y Visa: ✆ 0800 811 8440; Master Card: ✆ 0800 819 1040.

Horarios

Tiendas - Lo más habitual: de lu. a sá. de 10:00 a 20:00 h. Muchas pequeñas tiendas cierran los sá. a las 16:00 h. Algunos centros comerciales, en cambio, abren hasta las 21:00 o incluso las 22:00 h. Por ley, las tiendas pueden abrir cuatro domingos al año (las fechas varían de un año a otro) y, en diciembre, todos los domingos de Adviento.

Nuestras sugerencias/De compras pág. 124.

Bancos - En el centro de la ciudad, las sucursales abren hasta las 18:00 h los días laborables. Algunos bancos cierran antes los mi. y vi.

Farmacias - Están marcadas con una A mayúscula roja en letra gótica de *Apotheke*. Los días que están cerradas, los nombres de los médicos y farmacéuticos de guardia figuran en el escaparate. Sus horarios de apertura son similares a los de las tiendas.

Correos - De lu. a sá., de 8:00 h a 18:00 h y los sá. hasta las 13:00 h.
Oficinas de correos según horario de apertura - Hardenbergplatz 11 (cerca de la estación Zoologischer Garten) - de 4:30 a 21:30 h; Behrenstraße 29 - de 7:00 a 22:00 h, sá. de 8:00 a 20:00 h, do. de 9:00 a 21:00 h.

Internet

La mayoría de los hoteles, albergues juveniles, estaciones, metros, cafés y mediatecas disponen de conexión wifi gratuita (los alemanes utilizan la abreviatura «**WLAN**», por Wireless Local Area Network. Se pronuncia «velan'»). También en el exterior abundan los quioscos donde se puede navegar con el portátil. Un ejemplo es el del Center Potsdamer Platz *(pág. 75)*. Mapa de los **hotspots** en berlin.de/wlan.

Mercados

Lvs más originales son el exótico **Mercado Turco** en Neukölln *(pág. 74)*,los pabellones cubiertos de Kreuzberg (**Markthalle Neun**, *pág. 128;* **Markthalle Marheineke**, *pág. 66*) y los del distrito de Moabit (**Arminius Markthalle**, *de lu. a sa., de 8:00 a 22:00 h,* **U** *Turmstraße*). Pero hay dos mercados al aire libre que destacan por sus puestos de productos ecológicos y regionales: el de la plaza **Kollwitzplatz** en Prenzlauer Berg *(ju. de 12:00 a 19:00 h,* **U** *Senefelderplatz)* y en la **Winterfeldtplatz** en Schöneberg *(mi. y sa. de 8:00 a 14:00 h.),* **U** *Nollendorfplatz)*. Cuatro mercadillos: Flohmarkt am Mauerpark *(pág. 126)*, Trödelmarkt am Altonaplatz *(pág. 126)*, Flohmarkt am Boxhagener Platz *(pág. 127)* y Trödelmarkt an der Straße a partir del 17 de junio *(pág. 129)*.

Pases turísticos

WelcomeCard - *pág. 146.*
WelcomeCard Museumsinsel - *pág 147.*
Museumspass - *pág. 147.*

Prensa

Periódicos - Los principales periódicos de Berlín son el *Der Tagesspiegel* (www.tagesspiegel.de), el *Berliner Zeitung* (www.berliner-zeitung.de) y el *Berliner Tageszeitung* (www.berlinertageszeitung.de). Una vez a la semana se publica una agenda de actos culturales.
Revistas - *Zitty* (www.zitty.de) y *Tip* (www.tip-berlin.de), que se publican cada quince días y recogen eventos culturales.

Propinas

En los restaurantes y bares, es costumbre redondear la cuenta y dejar una propina del 5-10 %. La propina se da directamente al camarero, ya que dejarla en la mesa se considera de mala educación. Es costumbre anunciar el precio que se desea pagar, incluida la propina, cuando el camarero trae la cuenta. En los taxis también se acostumbra a redondear.

Restauración

Los restaurantes alemanes son similares a los españoles. Lo normal es que el agua no se sirva en jarras, sino embotellada, y que el pan, que suele servirse en la mesa sin coste adicional, pueda cobrarse en las tabernas

tradicionales (se supone que las patatas sustituyen a veces al pan). Desde que Berlín se convirtió en capital de Alemania, el panorama culinario de la ciudad se ha diversificado mucho. Cada vez se han instalado más restaurantes de calidad, de modo que Berlín rivaliza ya con casi todas las demás capitales en lo que a gastronomía se refiere.
También hay restaurantes y cafés que sirven cocina tradicional berlinesa. Los **kneipe**, típicos de la ciudad y que suelen ofrecer un menú de platos básicos y económicos, son muy comunes. Los platos que se sirven suelen ser ricos y las raciones copiosas, en un entorno bien conservado y a veces un tanto *kitsch*.
En la mayoría de las esquinas hay **imbiss** (puestos y quioscos), donde se pueden comer salchichas al curry y patatas fritas *(currywurst und pommes)* a cualquier hora, así como platos extranjeros como el *döner kebab*, el famoso pan turco relleno de carne de cordero a la parrilla y verduras, o hamburguesas. En muchos restaurantes se puede comer a la carta por 15 y 20 €. En los restaurantes gastronómicos, hay que pagar entre 60 y 70 € por un menú.
Propinas pág. 143 y Nuestras sugerencias/Dónde comer pág. 110.

Tabaco

Desde 2008, está prohibido fumar en los restaurantes y locales nocturnos de Berlín, así como en hospitales, museos, cines, aeropuertos y edificios administrativos. En la medida de lo posible, se pueden reservar salas para fumadores en los restaurantes. De hecho, está permitido fumar en algunos bares.

Taxi

Hay muchos y son de color crema. Es fácil encontrarlos en la calle, basta con levantar la mano. También puedes llamarlos (ver los números más abajo) o dirigirte a la **parada de taxis** más cercana (indicada por un poste amarillo con un bolardo con la palabra «taxi»).
La tarifa es de 4,30 €. Hasta 3 km, el km cuesta 2,80 €; de 3 a 7 km, 2,60 €; y de ahí en adelante, 2,10 €. Cada hora de espera se cobra a 39 €. Para trayectos de hasta 2 km, previa consulta con el conductor, se aplica una tarifa plana denominada *kurzstrecke* («trayecto corto» a 6 €). No es válida si has reservado el taxi o lo has llamado desde una estación.
Algunas compañías:
Taxi-Ruf Würfelfunk - ✆ 21 01 01
Taxifunk Berlin GmbH - ✆ 44 33 22
Quality Taxi - ✆ 26 30 00
Funk Taxi Berlin - ✆ 26 10 26
Llegar a Berlín pág. 3.

Teléfono

Llamadas internacionales

Para llamar a Berlín desde el extranjero: 00 49 + prefijo 030 de Berlín sin el 0 + el número correspondiente.
Para llamar a España desde Berlín: 00 34 + el número correspondiente sin el 0.

De Berlín a Berlín

Desde un teléfono fijo, marca simplemente el número de tu corresponsal berlinés (de 4 a 10 cifras), sin preocuparte del prefijo de Berlín (030). Para llamar a Potsdam desde Berlín, marca primero 0331.

Teléfonos móviles

Alemania utiliza la tecnología GSM, lo que significa que los europeos pueden utilizar sus teléfonos móviles. Tienes que comprobar que tu móvil está desbloqueado (con tu operador). Hay dos opciones: o comprar una tarjeta SIM local para obtener un número alemán; o mantener tu compañía actual y pagar la tarifa internacional aplicada por tu operador.

Transporte público

Llegar a Berlín pág. 3 y Mapa de transportes en el reverso del mapa extraíble.

El área metropolitana de Berlín está muy diseminada, pero es fácil ir de un barrio a otro gracias a una red de transporte público densa y eficaz que da servicio a todos los barrios las 24 h del día.

El metro **(U-Bahn)** marcado con una «U» blanca sobre fondo azul, cuenta con 9 líneas que ofrecen viajes rápidos entre las cuatro y la una de la madrugada. El **S-Bahn** (tren de cercanías) está marcado con una «S» blanca sobre fondo verde y cuenta con 16 líneas.

Información

Los tranvías, autobuses y trenes de cercanías están agrupados bajo la **BVG**, la autoridad de transporte urbano de Berlín **(Berliner Verkehrsbetriebe)**. El S-Bahn está gestionada por la **VBB (Verkehrsverbund Berlin-Brandenburg)**, responsable de todos los **transportes de la región de Brandeburgo**.

BVG - ✆ 030 19449 - www.bvg.de y varias aplicaciones gratuitas
VBB - ✆ 030 25414141 - www.vbb.de
S-Bahn - ✆ 030 29743333 - www.sbahn.berlin

También puedes obtener información en el Kundenzentrum de la BVG, en Alexander Platz (de 6:30 a 21:30 h, de 10:00 a 18:00 h) y en muchas estaciones de metro y S-Bahn.

Billetes

Para los desplazamientos dentro de la ciudad, independientemente del medio de transporte utilizado, **se** necesita **un billete único** (zona AB).

Compra de billetes - Los billetes pueden adquirirse en los distribuidores automáticos de las estaciones de S-Bahn y U-Bahn, individualmente a los conductores de autobús (solo pago con tarjeta de crédito), en numerosos quioscos, en quioscos de prensa con el distintivo «BVG» y en la aplicación BVG Ticket-App. Todos los billetes de papel deben estar **validados** antes de iniciar el viaje (pequeñas terminales junto a las máquinas expendedoras de billetes). ¡Cuidado, los controles son frecuentes!

Tarifas

Viaje sencillo *(Einzelfahrschein)* - 3,50 € (zona AB) - válido durante 2 h con conexiones, en la misma dirección.

Viaje corto *(Kurzstrecke)* - 2,40 € - válido para 3 estaciones de metro/S-Bahn o 6 estaciones de autobús/tranvía.

Tarjeta 4 viajes *(4-Fahrten-Karte)* - 10,80 €.

Tarjeta 24h *(Tageskarte)* - 9,90 € (zona AB) - válida a partir de la fecha de validación.

Tarjeta semanal *(7-Tage-Karte)* - 41,50 € (zona AB).
Tarjeta «grupos pequeños» *(Kleingruppen-Tageskarte)* - 31 € (zona AB) - válida para cinco personas durante un día.
Tarjeta WelcomeCard - ✆ 030 250025 - www.visitberlin.de/fr/welcomecard - 26 € para 48 h, 36 € para 72 h (zonas AB); 31 y 41 € (zonas ABC). Sirve como billete ilimitado en todos los transportes públicos de Berlín y da derecho a pequeños descuentos (normalmente del 25 %) en varias visitas guiadas, una veintena de atracciones, una treintena de teatros o cabarets y cuarenta museos (pero no los de la Museumsinsel). Puntos de venta: Tourist Info de Berlín, aeropuerto (BER), algunos hoteles y máquinas expendedoras de billetes de transporte público.

Transporte nocturno

Los numerosos autobuses y tranvías nocturnos circulan regularmente los días laborables entre las 0:30 y las 4:30 h. Todas las líneas de metro (excepto la U4) y algunas líneas de S-Bahn circulan regularmente de vi. a do. por la noche. No hay tarifas especiales para los viajes nocturnos, por lo que todos los billetes son válidos.

Obras

En caso de obras en la calzada, se habilitan autobuses lanzadera y servicios ferroviarios de sustitución.

Visitas

Visitas gratuitas

El primer domingo de cada mes, setenta museos abren sus puertas gratuitamente, a veces reservando una franja horaria *(lista en museumssonntag.berlin/de/museen)*. Varios son gratuitos **todo el año**: el Reichstag *(pág. 14)*, Futurium *(pág. 18)*, Denkmal für die ermordeten Juden Europas *(pág. 20)*, Tränenpalast *(pág. 22)*, Neue Wache *(pág. 25)*, Humboldt Forum *(pág. 35)*, Museum Pankow *(pág. 51)*, Gedenkstätte Berliner Mauer *(pág. 53)*, Topographie des Terrors *(pág. 62)*, Gedenkstätte Deutscher Widerstand *(pág. 86)*, Kaiser-Wilhelm-Gedächtniskirche *(pág. 92)*.

Pases

Museumspass - Se vende por 32 € en la Oficina de Turismo de Berlín *(☛ pág. 141)* y online *(shop.visitberlin.de)*. Esta tarjeta da acceso prioritario gratuito a las colecciones permanentes de treinta y cinco museos berlineses (incluidos los de la Isla de los Museos) durante tres días consecutivos. Atención: no es válida para el transporte público.
WelcomeCard Museumsinsel - Se vende por 54 € en la Oficina de Turismo de Berlín *(☛ pág. 141)* y en las máquinas expendedoras de billetes del metro. Esta tarjeta es válida durante tres días y da acceso al transporte público de Berlín y a las colecciones permanentes de la Isla de los Museos. Al igual que la **Welcome Card** *(☛ pág.146)*, también da derecho a un 25 % de descuento en otros treinta y cinco museos. Nota: para amortizarla, hay que usarla mucho.
www.berlin-welcomecard.de

Visitas guiadas

A pie

Oficinas de turismo - Paseos por la

ciudad, clásicos o temáticos. Información en Berlin Tourist Info (pág. 141).

Ciao-berlin! - 162 5959597 - www.ciao-berlin.de - 60 €/h. Stefano Gualdi, historiador del arte, vive en Berlín desde 2001. Con un equipo de guías profesionales, organiza visitas individuales o para pequeños grupos en Berlín y Potsdam. Sus visitas son personalizadas, según las palabras clave que le indiques. Se centran en el estilo de vida, la arquitectura y la historia. Experto en Berlín, proporciona las claves para entender la ciudad. Emocionante, informativo y divertido.

Good morning Berlin - www.goodmorningberlin.com - 45 €/pers. Élodie (o Adrien) te llevarán con un grupo reducido (máx. 8 personas) en una visita guiada temática de 2:30 a 3 h fuera de los lugares más turísticos. Esta es tu oportunidad para descubrir la antigua *no man's land*, los puntos culminantes del *underground*, arte callejero, las últimas casas ocupadas o los nuevos bares improvisados... Amable, original y competente.

En bicicleta

Berlin on Bike - 030 43739999 (Knaackstraße 97, Prenzlauer Berg) - www.berlinonbike.de - 34 €. Visitas guiadas, de abril a octubre, en inglés, como «Around the Wall» (15 km en 3:30 h) o «The Capital's Oases» (17 km en 3:30 h). Alquiler de bicicletas.

Fahrradstation - 0180 510 8000 - www.fahrradstation.de - 29/35 €. Visitas guiadas «Berlin by bike» en alemán o inglés. Es necesario reservar. Salida desde Dorotheenstr. 30. Alquiler de bicicletas.

Para los alquileres de bicicletas fuera de las visitas guiadas: Bicicleta pág. 146.

En autobús turístico

Berlin City Tour - 030 70171250 - www.berlin-city-tour.de - 35 € (25 € online; 25 % de descuento con WelcomeCard). Autobús de dos pisos que permite bajar en cada parada —hay veinticuatro en la ruta— y volver a subir en la siguiente. Las visitas duran unas 2 h, en alemán e inglés.

Por el precio de un billete sencillo de autobús, la línea 100 (autobús de dos pisos) pasa por los principales monumentos del centro de la ciudad.

En barco

Stern-und-Kreis-Schiffahrt - 030 5363600 - www.sternundkreis.de - recorridos de 1 h a un día - de 22 a 33 € (25 % de descuento con WelcomeCard). El mayor especialista en cruceros de Berlín.

Reederei Riedel - 030 62933194 - www.reederei-riedel.de - duración 1h - audioguías en español - 19 € - salidas desde Hauptbahnhof, Haus der Kulturen der Welt, Kottbusserbrücke... A lo largo del Spree.

Reederei Bruno Winkler - 030 3499595 - www.reedereiwinkler.de - salidas desde Schlossbrücke, Bahnhof Friedrichstraße. De 1 h a 3 h por el Berlín histórico y moderno. De 21 a 29,50 € (25 % de descuento con WelcomeCard).

Reederei Hadynski - 0172 32 45341 - www.reederei-hadynski.de - 1 h por el Spree con comentarios en directo - 19 € (14 € con WelcomeCard) - salida cerca de la estación de S-Bahn de Hackescher Markt.

Agenda cultural

Eventos anuales

Febrero

▶**Transmédiale** (*Festival Internacional de Arte y Cultura Digitales*) - La cita ineludible de las artes gráficas y digitales (primeros días de mes). www.transmediale.de

▶**Berlinale, Internationale Filmfestspiele Berlin** (*Festival Internacional de Cine de Berlín)* - Cerca de 350 proyecciones de películas abiertas al público (1ª quincena del mes), la mayoría en cines de la Potsdamer Platz. www.berlinale.de
Recuadro pág. 79.

Marzo

▶**MaerzMusik** (*Festival de Música Contemporánea)* - 2ª quincena del mes. www.berlinerfestspiele.de (ficha Maerz Musik).

Abril

▶**Festtage** (*Festival de Ópera)* - Jornadas berlinesas organizadas por la Staatsoper de Berlín, dedicadas a la Tetralogía de Wagner (marzo o abril según el año). www.staatsoper-berlin.de

▶**Ostermarkt** (*Mercado de Pascua) - Con* atracciones, puestos de artesanía, *biergarten* y miles de huevos bellamente decorados. Una tradición que continúa, entre otros lugares, en Potsdamer Platz y Alexanderplatz, en abril, normalmente de 11:00 a 22:00.

Mayo

▶**Theatertreffen** (*Encuentros teatrales)* - Gran festival de teatro en alemán, con 2000 espectáculos en cartel (tres primeras semanas del mes). www.berlinerfestspiele.de

▶**Karneval der Kulturen** (*Carnaval de las Culturas)* - En Kreuzberg, este carnaval multicultural (cuatro días) culmina con un enorme y colorido desfile de carrozas (do. por la tarde). Algunos años se celebra en junio. www.karneval.berlin

De junio a agosto

▶**Citadel Music Festival** - El mayor festival del verano. Conciertos al aire libre en la ciudadela de Spandau (al oeste de la ciudad, acceso por U 7 parada Zitadelle o S 3 parada Spandau), desde clásica hasta rock, con cabezas de cartel internacionales. www.citadel-music-festival.de

Junio

▶**48 Stunden Neukölln** (*Las 48 horas de Neukölln)* - Festival interdisciplinar que combina exposiciones, espectáculos y actuaciones en el popular barrio de Neukölln, junto a Kreuzberg (3er fin de semana del mes). Un gran escaparate de la escena creativa berlinesa. www.48-stunden-neukoelln.de

▶**Fiesta de la música** - Un centenar de escenarios por toda la ciudad (21 de junio). www.fetedelamusique.de www.csd-berlin.de

▶**Kreuzberg Festival** - Durante tres días, Bergmannstraße (Kreuzberg) vive a ritmo de jazz con conciertos al aire libre, puestos de artesanía y comida multicultural. Último fin de semana de junio. www.kreuzberg-festival.de

Julio

▶**Fashion Week** - Durante cuatro días, Berlín se transforma en una capital de la moda. Numerosos desfiles de moda están abiertos al público (a principios de mes y en enero).

▶**Classic Open Air** - En el Gendarmenmarkt, cinco veladas de conciertos de música clásica al aire libre (principios de mes). www.classicopenair.de

▶**Christopher Street Day** - En las principales vías de la ciudad, gran desfile de la comunidad gay, lésbica, bisexual y transexual (4° sá. del mes). www.csd-berlin.de

Agosto

▶**Festival Young Euro Classic** – Música clásica, interpretada en el Konzerthaus (*pág. 58*) por jóvenes orquestas europeas (dos semanas). www.young-euro-classic.de

▶**Tanz im August** - La Sophiensaele y la Haus der Berliner Festspiele acogen un festival internacional de danza (2ª y 3ª semana del mes). www.tanzimaugust.de

▶**Lange Nacht der Museen** *(Larga Noche de los Museos)* - Conciertos, lecturas y visitas guiadas en más de setenta y cinco museos, abiertos de 18:00 a 2:00 h (último sá. del mes). www.lange-nacht-der-museen.de

▶**Berlin Circus Festival** - Festival de circo contemporáneo y espectáculos callejeros en la pista de Tempelhof (2ª y 3ª semana de agosto). www.berlin-circus-festival.de.

Septiembre

▶**Musikfest Berlin** - veinticinco orquestas se turnan durante veintiún días en la Philharmonie (*pág. 83*) para interpretar 160 obras de ochenta compositores diferentes. www.musikfest-berlin.de.

▶**Berlin Art Week** - El punto de encuentro anual de todos los implicados en el arte contemporáneo. Numerosas exposiciones por toda la ciudad y las últimas tendencias en el aeropuerto de Tempelhof. www.positions.de y www.berlinartweek

▶**Jüdische Kulturtage** - El mayor festival judío de Alemania. Conciertos en la sinagoga, proyecciones de cine, *klezmer* rock, gastronomía... www.juedische-kulturtage.org.

▶ **IFA** - Feria Internacional de Electrónica, en el parque de exposiciones Messe Berlin (principios de mes). b2c.ifa-berlin.de

▶**Berlin Marathon** - Salida y meta cerca de la Puerta de Brandeburgo, para la mayor maratón de Europa (finales de mes). www.bmw-berlin-marathon.com

Octubre

▶**Tag der deutschen Einheit** (Día Nacional*de la Reunificación Alemana)* - Ocasión para una gran fiesta en torno a la Puerta de Brandeburgo: degustación de vinos locales, conciertos, etc. (3 de octubre).

▶**Festival of lights** - Espectáculos de luces en el centro histórico (Mitte) y en los principales monumentos de Berlín. Fuegos artificiales, espectáculos de luz y sonido (1ª y 2ª quincena del mes). www.festival-of-lights.de

Noviembre

▶**JazzFest de Berlin** - Uno de los festivales más famosos del mundo por su programa vanguardista de jazz contemporáneo y europeo. Conciertos en la Haus der Berliner Festspiele y en los clubes de jazz de la ciudad (principios de mes). www.berlinerfestspiele.de (pestaña «JazzFest»).

▶**Berlin Märchentage**
Gran festival de cuentos de hadas de todo el mundo en un ambiente carnavalesco, de casi tres semanas de duración. www.berlin.de (pestaña Eventos, «Silvester Party»)

31 de diciembre

▶**Nochevieja** - Entre la Puerta de Brandeburgo y la Columna de la Victoria (Siegessäule), una gigantesca fiesta coronada por fuegos artificiales. www.berliner-silvester.de

Bienales

▶**Berlin-Biennale** - En casi una veintena de sedes, homenaje al arte contemporáneo (de junio a mediados de septiembre).
La próxima tendrá lugar en 2026. www.berlinbiennale.de

▶**ILA Berlin-Brandeburgo** - En el aeropuerto de Schönefeld, exposición aeronáutica internacional (mayo o junio). La próxima tendrá lugar en 2026. www.ila-berlin.com

▶**Europäischer Monat der Fotografie** - Durante un mes (octubre), Berlín acoge numerosas exposiciones en torno a la fotografía *vintage* y contemporánea. La próxima tendrá lugar en 2025. www.emop-berlin.eu

Otros eventos

En la web de los museos de Berlín, en inglés y alemán: **www.smb.museum** (pestaña «Ausstellungen» o «Exposiciones»). También es muy útil el calendario (en inglés y alemán) de la oficina de turismo, www.visitberlin.de. El calendario cultural en alemán puede consultarse en las revistas culturales *Zitty* y *Tip* que son muy completas. Se publican quincenalmente. En línea en **www.zitty.de** y **www.tip-berlin.de.** O en los principales diarios de Berlín, como el *Tagesspiegel* y el *Berliner Zeitung*. En línea en **www.tagesspiegel.de** y **www.berliner-zeitung.de.**

Blogs - Puedes obtener ideas para excursiones originales en el blog **goodmorningberlin.com** creado por Élodie Benchereau.

Entradas - Algunos grandes acontecimientos puedes reservarlos antes de viajar en la página web de la oficina de turismo (**www.visitberlin.de**). También puedes comprar las entradas directamente en los lugares de exposición.

PARA SABER MÁS

Fechas clave 154
Urbanismo 155
Berlín en la época de Hitler 157
El Muro de Berlín 158
Arquitectura contemporánea 159
Arte del período de entreguerras 160
Cabaret 162
Cine expresionista 163
Berlineses famosos 164
Berlín alternativo 165
Gastronomía berlinesa 167

Foro Humboldt, antiguo castillo de Berlín, reconstruido por Francesco Stella.
Elxeneize/Panther Media/age fotostock

Fechas clave

1307 - Berlín y Cölln se unen.
1323-1373 - Reinado de los Wittelsbach.
1359 - Berlín-Cölln se une a la Liga Hanseática, que agrupa a los puertos mercantes del norte de Europa.
1376 y 1380 - Los incendios destruyen la mayor parte de Berlín y Cölln.
1440-1470 - Electorado de **Federico II**.
1640-1688 - Electorado de **Federico Guillermo** llamado el **Gran Elector**.
1685 - Edicto de Potsdam; muchos hugonotes franceses se establecen en Brandeburgo.
1709 - Berlín y Cölln se unen.
1740-1786 - Reinado de **Federico II (Federico el Grande)**.

1806-1808 - Ocupación napoleónica.
1870-1871 - Guerra franco-prusiana.
1871 - Berlín se convierte en capital del nuevo Imperio Alemán.
3 agosto 1914 - Alemania declara la guerra a Francia y Rusia.
1918 - Proclamación de la **República de Weimar** (1918-1933).
Enero 1919 - Levantamiento espartaquista, violentamente reprimido. Asesinato de Karl Liebknecht y Rosa Luxemburg.
1920 - Berlín incorpora siete municipios vecinos, entre ellos Charlottenburg.
1924 - Colocación de la primera piedra del aeropuerto de Tempelhof.
1929 - Crisis económica mundial; disturbios sociales en Berlín.
1933 - Incendio del Reichstag, disolución del Parlamento, plenos poderes para Hitler. *pág. 157.*
Agosto de 1936 -**Juegos Olímpicos de verano** en Berlín. *pág. 157.*
9 de noviembre de 1938 - Kristallnacht (Noche de los cristales rotos). *pág. 157.*
1 de agosto de 1939 - Alemania invade Polonia; los aliados entran en guerra.
1941 - Primera deportación masiva de judíos de Berlín.
8-9 mayo 1945 - Alemania se rinde incondicionalmente.
17 julio-2 agosto 1945 - **Conferencia de Potsdam**, que ratificó la división de la ciudad en cuatro sectores de ocupación.
24 junio 1948-12 mayo 1949 - Bloqueo de Berlín.
6 junio 1951 - Primera edición de la **Berlinale** creada por iniciativa de los estadounidenses.
13 agosto 1961 - Construcción del **Muro**.
23 junio 1963 - John F. Kennedy visita Berlín Occidental.
1976 - Inauguración del Palacio de la República en el emplazamiento del antiguo castillo de Berlín.
1987 - 750° aniversario de la ciudad.
9 noviembre 1989 - Caída del Muro.
3 octubre 1990 - **Reunificación** de Alemania.
Junio 1991 - Traslado del Bundestag de Bonn a Berlín.
Nov. 2005 - Angela Merkel (CDU) es elegida canciller. Es reelegida en 2009, 2013 y 2018.
2020 - Inauguración del nuevo aeropuerto de Berlín-Brandeburgo.
2021 - Inauguración del **Foro Humboldt** en el castillo de Berlín *pág. 35.* Olaf Scholz (SPD) es elegido canciller en diciembre.
2025 - Inauguración de un rascacielos en Alexanderplatz (Torre Covivio).

Urbanismo

«Berlín es una ciudad con muchas facetas», suele decir Werner Düttmann, arquitecto del Museo Brücke. Los proyectos son tan diversos, las demoliciones tan numerosas y los cambios tan radicales que resulta difícil ver la ciudad como una entidad única. Hasta el día de hoy, Berlín ha sacrificado regularmente y sin vacilar su antiguo patrimonio arquitectónico a las ideas progresistas. Cada generación ha dejado su huella.

La ciudad doble (Edad Media)

En la Edad Media coexistieron dos centros, separados por el río Spree: por un lado, Berlín, en torno al antiguo mercado (hoy Molkenmarkt) y la Iglesia de San Nicolás; por otro, Cölln, en torno al mercado de pescado y la Iglesia de San Pedro. En la actualidad, quedan pocos vestigios del **Berlín-Cölln** medieval: algunos nombres de calles (Klosterstraße, Molkenmarkt), restos de iglesias y un pequeño tramo de la antigua muralla (en la actual Littenstraße).

La era del Gran Elector (siglo XVII)

Bajo el mandato del príncipe elector **Federico Guillermo** (1640-1688), la ciudad, que había sufrido graves daños durante la Guerra de los Treinta Años, comenzó a reconstruirse. El paisaje urbano que tomó forma en la segunda mitad del siglo XVII se caracterizó por la alineación de viviendas individuales en bandas continuas. El eje **Unter den Linden** («Bajo los tilos») se creó en 1647, cuando el camino entre la residencia real y el coto de caza se consolidó y se adornó con miles de nogales y tilos.

La época federiciana (siglo XVIII)

La época de Federico el Grande fue de gran esplendor. Una plaza monumental (el **Forum Fridericianum**) rodeada de suntuosos edificios fue diseñada para marcar el comienzo de Unter den Linden. En las décadas siguientes se convirtió en una arteria bordeada de magníficos palacios y edificios públicos dedicados a la cultura. Fue también la época en que se construyó el **Tiergarten** (*pág. 87*) como un «parque de recreo abierto al público».

El genio de Schinkel (mediados del siglo XIX)

El arquitecto **Karl Friedrich Schinkel** (*pág. 164*) confiere a la ciudad su carácter burgués con la Neue Wache (*pág. 25*), su primera obra, la remodelación de la catedral de Berlín o el Altes Museum (*pág. 29*). Solo él diseñó una treintena de edificios, aunque quedan muy pocos, por no hablar de su obra escultórica, el Schloßbrücke (Puente del castillo) y el monumento conmemorativo de Kreuzberg. Los edificios de Schinkel son más bien sencillos y funcionales.

Guillerminismo (1890-1918)

Con la formación del Reich en 1871, la ciudad se reurbanizó y expandió, incorporando municipios y ciudades vecinas. La migración hacia el oeste (de la población adinerada) se intensificó, con nuevos distritos diseñados para albergar a las clases media y media alta (lujosos edificios en la Kurfürstendamm y calles adyacentes, mansiones privadas en Wilmersdorf y Charlottenburg). La explosión demográfica provocó la saturación de **mietskasernen** («barracones de alquiler», grandes edificios alquilados a la clase obrera) en Kreuzberg, Prenzlauer Berg y Friedrichshain.

Bajo **Guillermo II**,el **clasicismo**, considerado demasiado reducido y estricto, dio paso a una arquitectura más ceremonial. La ciudad se cubrió de opulentos edificios con fachadas ricamente decoradas, sobrecargadas de alegorías y profusión de estilos.El **historicismo** alcanzó su apogeo con la reconstrucción de la catedral de Berlín. Otros edificios importantes de este período son la Biblioteca Nacional, el Zollernhof, la antigua Oficina Imperial de Correos, el Teatro del Oeste, el Puente Oberbaum, el Ministerio de Defensa, el Reichstag y el Museo de la Marcha de Brandeburgo.

Los Modernos (1ª mitad del siglo XX)

Bajo la República de Weimar, en la década de 1920, la ciudad se convirtió en un campo de experimentación, sobre todo para el expresionismo y la **Bauhaus**, y se transformó en una metrópoli con ambiciosos proyectos como las ciudades jardín, algunas de las cuales fueron diseñadas por arquitectos de renombre como **Walter Gropius** y **Ludwig Mies van der Rohe**. Berlín se convirtió así en precursora del urbanismo moderno.

Un campo en ruinas (2ª mitad del siglo XX)

Tras la Segunda Guerra Mundial, Berlín quedó devastada: más del 30 % de los edificios quedaron destruidos o gravemente dañados. Se dio prioridad a la rápida restauración de las viviendas y a la renovación de las infraestructuras. La construcción del Muro en 1961 dejó una profunda cicatriz en la planificación urbana. En el sector occidental, se encargó a Hans Scharoun la construcción de un nuevo centro cultural, el **Kulturforum** (*pág. 80*). En el este, la atención se centró en construir una ciudad funcional con viviendas sociales prefabricadas de hormigón *(Plattenbau)* y grandes vías de comunicación. No fue hasta la caída del Muro en 1989 cuando comenzó una nueva fase de experimentación urbana (*pág. 159*).

Berlín en la época de Hitler

La «toma de poder»

El 30 de enero de 1933, **Adolf Hitler** fue nombrado canciller en Berlín por el presidente Hindenburg. Los nazis celebraron su nombramiento con una procesión de antorchas por la Puerta de Brandeburgo. Tras el **incendio del Reichstag** en la noche del 27 al 28 de febrero de 1933, un decreto ley abolió la mayoría de los derechos y principios fundamentales de la República de Weimar. Con la Ley de plenos poderes del 23 de marzo, el Reichstag fue eliminado.

En poco tiempo se crearon más de cincuenta campos de concentración «crueles» en Berlín, en cuarteles y locales de las SA y las SS. Opositores políticos y judíos fueron perseguidos en una expedición de terror sin precedentes. Berlín se convirtió en el centro de muchos acontecimientos, como en el **auto de fe del 10 de mayo de 1933** o en la **Noche de los cristales rotos** el 9 de noviembre de 1938.
La capital del Reich, sede de las SA, las organizaciones de terror nazis, la Gestapo y la Oficina Central de Seguridad del Reich, era el corazón del régimen. A partir de 1933, la vida científica, artística e intelectual de Berlín se vio gradualmente privada de libertad de expresión. La llegada de los nazis al poder marcó también el fin del breve período de autonomía administrativa democrática de Berlín; todas las instituciones, como el parlamento municipal y las asambleas de diputados de distrito, fueron eliminadas.
En 1935, las **leyes raciales de Núremberg**, que privaban a los ciudadanos judíos de sus derechos civiles, allanaron el camino para las deportaciones masivas (1941) y en la **Conferencia de Wannsee** se decidió ejecutar a todos los judíos de Europa (1942).
En agosto de **1936**, los **Juegos Olímpicos de verano** se transformaron en un desfile propagandístico, con el atleta negro estadounidense Jesse Owens llevándose cuatro medallas de oro en un notable guiño al racismo nazi.

Guerra y destrucción

La capital del Reich fue alcanzada por las primeras bombas en 1940. Entre el otoño de 1943 y marzo de 1945 sufrió constantes bombardeos que costaron la vida a decenas de miles de habitantes. A medida que se intensificaban los ataques aéreos, más y más berlineses huían, mientras que los trabajadores forzados llenaban los huecos en la producción.
La lucha por Berlín comenzó después de que el Ejército Rojo cruzara el Oder en febrero de 1945. Después de que Hitler se suicidara en el búnker de la cancillería el 30 de abril, el comandante de Berlín, el general Helmuth Weidling, se rindió tras dieciséis días de lucha. La rendición incondicional se firmó en el cuartel general soviético de Karlshorst en la noche del 8 al 9 de mayo.

El Muro de Berlín

El contexto

Tras la Segunda Guerra Mundial, Berlín se dividió en cuatro sectores de ocupación (estadounidense, británico, francés y ruso) y se convirtió en el terreno de juego de la política internacional. El 23 de mayo de 1949 se fundó la **República Federal de Alemania** (RFA) y el 7 de octubre la **República Democrática Alemana** (RDA). Mientras el Gran Berlín se convertía en un estado de la RFA, la RDA reclamaba toda la ciudad como capital (para ella, Berlín Occidental solo estaba «administrada» temporalmente por las fuerzas de la OTAN).

De la presa al Muro

El número de fugas de ciudadanos de la RDA aumentó durante la década de 1950. A primera hora de la mañana del domingo **13 de agosto de 1961**, se erigió un control altamente vigilado a lo largo de la frontera entre los sectores oriental y occidental; rápidamente fue sustituido por un muro que rodeaba Berlín occidental como una isla. A finales de 1961, solo quedaban siete pasos fronterizos.

A ambos lados

La división obligó a recrear lo antes posible las instituciones y establecimientos que faltaban en las dos partes de la ciudad. La zona en torno a la Iglesia Memorial se convirtió en el centro de Berlín Occidental, y Alexanderplatz en el punto central de la renovación del centro de la ciudad en el lado oriental. Ambas partes se transformaron en escaparates de sus respectivos sistemas políticos. En ambos lados, una cierta «normalidad» se instaló en la vida de la mayoría de los berlineses.

La caída

En 1989, facilitado por la retirada del Telón de Acero entre Hungría y Austria, cada vez más alemanes del Este abandonaron el país. El 4 de noviembre, más de medio millón de personas se reunieron en Alexanderplatz para exigir reformas democráticas. En una conferencia de prensa celebrada el 9 de noviembre, **Günther Schabowski**, miembro del buró político del Partido Socialista Unificado de Alemania (SED), anunció normas más flexibles para los viajes al extranjero. A la pregunta de cuándo entraría en vigor, respondió: «inmediatamente». Los solicitantes acudieron en masa a los pasos fronterizos, cogidos por sorpresa. Una enorme ola de euforia recorrió la ciudad, que estaba al borde del caos general. Se abrieron los pasos fronterizos. La apertura de la Puerta de Brandeburgo el **22 de diciembre de 1989**, mes y medio después de la caída del Muro, fue especialmente simbólica.
Desde entonces, el Muro ha sido destruido en gran parte. La mayor sección que queda es la East Side Gallery (*pág. 56*).

Memorial del Muro de Berlín *pág. 53*, Museo del Muro Checkpoint Charlie *pág. 61*.

Arquitectura contemporánea

Desde la Reunificación, se han invertido cientos de miles de millones en Berlín, sobre todo en la antigua «tierra de nadie» situada en el cruce entre el Este y el Oeste. El gran número de obras y la diversidad de proyectos han hecho de la capital alemana una **meca de los arquitectos**: muchos de ellos han visto en ella una fantástica oportunidad para imaginar, en el umbral del siglo XXI, lo que debe ser una metrópolis europea.

Críticas a la reconstrucción

Tras un largo y animado debate entre vanguardistas (que querían crear un «nuevo Berlín») y tradicionalistas (partidarios de las estructuras históricas), se adoptó el principio de la «reconstrucción crítica». La idea era que los nuevos edificios debían estar en armonía con el trazado de la ciudad y referirse a las tradiciones urbanísticas existentes en cuanto a alineación, altura y disposición. También deben tener un componente habitable del 20 %, con el objetivo de crear un espacio dedicado simultáneamente al trabajo, la vivienda y el ocio, en lugar de grandes áreas monofuncionales.

Diversidad en la unidad

Una vez retirados los andamios, surgió una ciudad de contrastes. Las referencias a tradiciones olvidadas han dado lugar a una sorprendente «diversidad dentro de la unidad», con modelos históricos codeándose con una arquitectura innovadora. Entre ellos, el DZ Bank de **Frank Gehry** en la Pariser Platz, que combina el respeto a los criterios constructivos con un espectacular diseño interior, la arquitectura deconstructivista de **Daniel Libeskind** para el Jüdisches Museum, el edificio de cristal del Quartier 207 de **Jean Nouvel** o el Quartier 206 de **Henry Cobb** que remite a la tradición expresionista. También están las embajadas (*pág. 84-86*) y, por supuesto, la Potsdamer Platz, donde los principales arquitectos del mundo (**Renzo Piano**, **Helmut Jahn**, **Sir Richard Rogers**) erigieron torres futuristas.
Axel Schultes y **Charlotte Frank** se apartaron del enfoque de la «reconstrucción crítica» para diseñar un barrio parlamentario y gubernamental muy vanguardista: la «Cinta de la Federación» *(Band des Bundes,* *pág. 16)*. Schultes fue también responsable del edificio de la cancillería federal, del proyecto de remodelación del Reichstag realizado por **Norman Foster** y el edificio del Bundestag de **Stephan Braunfels** *(Paul-Löbe-Haus y Marie-Elisabeth- Lüders-Haus)*.
El último gran proyecto es la reconstrucción del castillo de Berlín, una «reinterpretación» del edificio original (siglo XVIII) realizada por el italiano **Francesco Stella**, *pág. 35*.

Arte del período de entreguerras

Cuando en 1929 se publicó la antología de Herbert Günther *Hier schreibt Berlin*, la ciudad había alcanzado la cima de su influencia intelectual. Berlín era entonces la **capital cultural** de Europa, y no había un solo autor internacional famoso que no hubiera visitado o vivido allí. Los numerosos cafés y salones de té formaban la infraestructura cultural de la época. Estaban representados varios movimientos artísticos.

Die Brücke

El grupo Die Brücke («El Puente»), fundado en 1905 en Dresde, se trasladó a Berlín en 1910. Reunía a pintores como Erich Heckel, **Ernst Ludwig Kirchner**, Karl Schmidt-Rottluff y Emil Nolde, cuyas obras recordaban al fauvismo francés por el **uso de colores puros y contrastados**. Sus temas favoritos —desnudos, paisajes y entornos urbanos— estaban influidos en particular por el primitivismo, lo que revelaba su deseo de romper con el arte «burgués» y académico. La emoción, principal fuente de inspiración, lleva a los artistas a centrarse más en el fondo que en la forma.

Dadaísmo

Nacido en Zúrich en 1915, el movimiento dadaísta adquirió una dimensión política en Berlín. Los dadaístas berlineses crearon una **estética de la fealdad**, cuyo objetivo era, según su líder **George Grosz**, «mostrar al mundo que es feo, enfermo y mentiroso». Los dadaístas participaron en la revolución a su manera, fundando una «República Dadá» en Nikolassee, al suroeste de Berlín.

Expresionismo

La conmoción de la Primera Guerra Mundial y la consiguiente crisis social dieron lugar a un arte oscuro y desilusionado que afectó a todas las disciplinas artísticas. El expresionismo

Käthe Kollwitz, una artista comprometida

Tras finalizar sus estudios, Käthe Schmidt (nacida en 1867) se casó con Karl Kollwitz, un médico cuya consulta servía también como centro de planificación familiar. El espectáculo de la miseria dio lugar a observaciones desesperadas en la obra de Käthe Kollwitz: *Los oprimidos, La muerte atrapa a una mujer, Mujer con niño muerto.* Miembro de la Secesión berlinesa, fue nombrada profesora de la Academia de Bellas Artes en 1919. La guerra destruyó casi por completo su obra escultórica. Evacuada a Moritzbourg, cerca de Dresde, murió allí el 22 de abril de 1945. *pág. 100.*

alemán introdujo en la pintura una **visión distorsionada, violenta y trágica del mundo** —la de **Otto Dix** (1891-1969), por ejemplo—, fruto de la subjetividad del artista, que seguía los pasos de Van Gogh y del pintor noruego Edvard Munch, muy influyente en Alemania. El expresionismo no sobrevivió a los nazis, que lo consideraban un arte «degenerado».

La Bauhaus

La Bauhaus (1919-1933), un instituto de artes y oficios fundado por **Walter Gropius** en Weimar, pretendía ser a la vez artística y social. Uno de sus principales objetivos era acercar el arte y la artesanía a la producción industrial y al trabajo en masa. Movimiento exigente, casi utópico, inspiró a numerosos artistas de vanguardia: Klee, Kandinsky, Moholy-Nagy... Trasladada a Berlín en 1932 y disuelta por los nazis en 1933, la Bauhaus sigue ejerciendo hoy una gran influencia en el arte y la industria.

Neue Nationalgalerie *pág. 83.* Bauhaus-archiv Museum für Gestaltung *pág. 85.*

Die Neue Sachlichkeit

Este movimiento de la **«Nueva Objetividad»**, que afectó a todas las artes, surgió a principios de los años 20. Se centraba en la ilustración realista de hechos y fenómenos sociológicos, reflejando la conciencia de la dura y difícil situación de posguerra. Los artistas pioneros del movimiento fueron **Otto Dix** y **George Grosz** (*La guerra* de Otto Dix, 1932, Albertinum, Dresde).

totalpics/Getty Images PLs

Shell Haus, edificio de estilo bauhaus diseñado por Emil Fahrenkamp.

Cabaret

El primer cabaret alemán —el Überbrettl, un poco como el Chat Noir de Montmartre— abrió sus puertas en 1901, por iniciativa de Ernst von Wolzogen, pero no fue hasta los años 20 cuando surgió una escena independiente, más insolente y animada; desde entonces no ha perdido ni un ápice de su mordacidad.

La edad de oro

En los años 20, el cabaret abarcaba una amplia gama de géneros, desde el teatro comercial, espiritual y social hasta la crítica satírica del sistema y el bramido grotesco. En el período de entreguerras, Berlín llegó a tener más de 100 cabarets. El famoso Schall und Rauch, cabaret literario fundado por Max Reinhardt en 1901, reabrió tras la guerra en 1919. Ese mismo año, el Tribüne adquirió renombre internacional como teatro de vanguardia. El poeta **Erich Mühsam** (1878-1934) actuó en el Séptimo Cielo (Siebter Himmel). También estaban La Folie des Grandeurs (Kabarett Größenwahn), de Rosa Valetti, la Scène sauvage (Wilde Bühne), donde actuó un desconocido Bertolt Brecht, y el Nelson-Theater de la Kurfürstendamm, donde **Marlene Dietrich** y **Hans Albers** tuvieron sus primeros éxitos. El cabaret de los años 20 también sirvió de foro político para criticar a la República de Weimar y presentar contraproyectos. La estrella del momento, **Claire Waldoff**, cantaba sus estribillos «Bajo los tilos» (Unter den Linden). La más sarcástica **Blandine Ebinger** era la niña mimada de la intelectualidad expresionista. Esta mezcla de humor, ironía y crítica social molestó a los nazis, que expulsaron a la mayoría de los artistas de los escenarios y del país, tachándolos de «escritores callejeros judíos». Una excepción, Katakombe, de **Werner Finck**, sobrevivió hasta 1935.

El renacimiento

Después de 1945, un centenar de nuevos cabarets renacieron como «sismógrafos políticos». Las estrellas del Berlín Occidental y los cómicos **Günter Pfitzmann** y **Ralf Wolter** actuaron en La Lucarne (Dachluke). El cabaret radiofónico Die Insulaner, que se burlaba de los funcionarios de la RDA, adquirió notoriedad más allá de la propia ciudad. La Stachelschweine y el irreverente anarquista **Wolfgang Neuss** son dos símbolos de los años 70. A partir de la década de los 70 surgió una escena alternativa, como los Drei Tornados y el Cabarett des Westens (CaDeWe). En Berlín Este, Le Chardon (Die Distel), el único cabaret público, era cautelosamente crítico con el Estado. Hoy en día, la tradición cabaretera berlinesa y las bromas políticas siguen vivas en establecimientos como el Stachelschweine (*pág. 92*), el Wühlmäuse, el Distel (*pág. 130*) y el Bar jeder Vernunft (*pág. 133*).

Cine expresionista

El cine alemán vivió su edad de oro en los años 20, sobre todo gracias a los directores del teatro expresionista, que ejercieron una gran influencia en los cineastas.

Cine simbólico

Esta escuela cinematográfica tiene una dimensión metafísica. Se adentra en el pasado de Alemania y en las leyendas de Europa Central. El actor mudo se mueve con gestos espasmódicos bajo una iluminación muy estudiada, en decorados de geometría quebrada. **Lo sobrenatural**, **las visiones del futuro**, **los miedos** y **el trauma de la guerra** se apoderan de las pantallas. A lo largo de los años 20, la miseria de la gran ciudad se mostró en claroscuro. Sus líderes fueron el director **Max Reinhardt** (1873-1943), que dirigía el cabaret Schall und Rauch y el Deutsches Theater, y su discípulo **Ernst Lubitsch** (1892-1947). Los berlineses acudían en masa a los cines, ávidos de historias fantásticas y de terror. *El Golem* de **Paul Wegener** (1874-1948), sobre un hombre que fabrica un monstruo con la esperanza de convertirlo en un esclavo a su servicio, entusiasmó a las multitudes (1920). **Friedrich Wilhelm Murnau** (1889-1938) se dio a conocer en 1922 con *Nosferatu, una sinfonía del horror*, adaptación de la novela *Drácula* de Bram Stoker, y **Fritz Lang** (1890-1976) rodó su primera película sonora, *M, el vampiro de Düsseldorf*, unos años más tarde en Berlín.

La fábrica de sueños

En 1917 se creó una productora cinematográfica para filmar operaciones militares y contrarrestar la propaganda británica. Creada por el magnate de la prensa **Alfred Hugenberg**, la UFA *(Universum Film Aktiengesellschaft)* fue financiada por el gobierno y la industria privada. Se convirtió en una «fábrica de sueños», produciendo varias creaciones ambiciosas. En 1919, *Madame DuBarry*, la primera película de disfraces, y *El gabinete del doctor Caligari*, de **Robert Wiene** (1881-1938), fueron éxitos internacionales.

De Berlín a Hollywood

Lubitsch se trasladó a Estados Unidos en 1922, donde se convirtió en un exitoso director de comedias. Muchos otros directores alemanes emigraron a Hollywood cuando los nazis llegaron al poder en Alemania. Fueron recibidos con los brazos abiertos por los estudios estadounidenses. Gracias a sus producciones, el cine expresionista ejerció una profunda influencia en el cine estadounidense, especialmente en las películas de terror y el cine negro.

Deutsche Kinemathek - Museum für Film und Fernsehen *pág. 76;* Filmmuseum Potsdam y Filmpark Babelsberg *pág. 103.*

Berlineses famosos

Karl Friedrich Schinkel

Schinkel fue el gran arquitecto de Berlín (1781-1841). Engalanó la ciudad con sus imponentes edificios, de líneas sencillas inspiradas en los templos antiguos. La Schauspielhaus, en el Gendarmenmarkt, el Nuevo Cuerpo de Guardia, el Puente del castillo y el Museo Antiguo fueron obras maestras construidas entre 1817 y 1823 para expresar el nacionalismo prusiano. Dañados por las bombas, estos monumentos fueron cuidadosamente restaurados por iniciativa de las autoridades de Alemania Oriental. *Urbanismo, pág. 155.*

Alfred Döblin

Döblin (1878-1957) revivió la forma novelesca con su novela *Berlin Alexanderplatz*, publicada en 1929 y adaptada al cine en 1931 (luego en 1979 por R.W. Fassbinder). Médico y escritor, Alfred Döblin huyó de Berlín en 1933 a Francia y Estados Unidos. Regresó a Europa en 1945.

Wilhelm Furtwängler

Nacido en Berlín (1886-1954), este inmenso director de orquesta y emblemático defensor de la música romántica alemana asumió la dirección de la Philharmonie en 1922 (*pág. 83*). Aunque dimitió de todos sus cargos en 1934, siguió dirigiendo en Alemania. Se opuso a la utilización de la música con fines de propaganda nazi, insistiendo en la verdad musical. Reinstaurado en la Philharmonie en 1947, hizo todo lo que estuvo en su mano después de la guerra para reconciliar a Europa con Alemania a través de la música.

Bertolt Brecht

La personalidad de este dramaturgo socialista comprometido (1898-1956) dominó la escena teatral. Rechazaba el «teatro de la ilusión» y abogaba por el distanciamiento: el espectador debe ser un observador de lo que ocurre en escena. ¿Sus obras más conocidas? *La ópera de los tres centavos*, *Madre Coraje*, *La vida de Galileo.* Abandonó Alemania unas semanas antes del auto de fé de 1933. Tras la guerra, se trasladó a la RDA en 1948. Murió en Berlín Este en 1956, convertido en una figura del régimen socialista.

Marlene Dietrich

Nacida en Berlín en 1901, la actriz se dio a conocer en 1930 con *El ángel azul*, de Joseph von Sternberg. Continuó su carrera en Hollywood. Opositora a los nacionalsocialistas, fue desposeída de la nacionalidad alemana en 1937 y no regresó a Berlín hasta después de la guerra. Murió en 1992 y está enterrada en el cementerio de Berlín-Friedenau (Stubenrauchstraße). Dejó muchos recuerdos a la Deutsche Kinemathek (*pág. 77*).

Berlín alternativo

Durante la Guerra Fría, Berlín Occidental fue un imán para objetores de conciencia y pacifistas, ya que era la única ciudad de la República Federal donde el servicio militar no era obligatorio. Tras la caída del Muro, fue el lado este de la ciudad el que se convirtió rápidamente en la tierra prometida de artistas de la contracultura y clubbers de todo el mundo.

Okupas y contracultura

Una de las razones fue la gran inseguridad jurídica que rodeaba a la «propiedad privada» en la antigua RDA. Antes de 1989, muchas de las viviendas de Berlín Este estaban administradas por el Estado o por cooperativas. A la espera de que los tribunales de la Alemania reunificada examinaran su situación y las miles de demandas de restitución de la propiedad, las casas que estaban vacías ofrecían un formidable terreno de juego para las corrientes *underground* y la contracultura. En 1992, Berlín ya contaba con un centenar de casas ocupadas, con distintos grados de implicación comunitaria y política. El más conocido era el **Tacheles** (Oranienburger Straße 54-56), ubicado en lo que antes era una enorme galería comercial en el Scheunenviertel, que albergaba decenas de estudios de artistas de toda Europa, pero con el tiempo perdió su vena rebelde y se convirtió en un templo comercial del *underground* (algunos artistas cobraban unos euros a los turistas por entrar en sus estudios o hacer fotos de sus paredes grafiteadas). El Tacheles fue desalojado por la policía en 2012. La mayoría de las demás casas ocupadas han sido legalizadas, a menudo transformadas en atractivos alojamientos de alquiler. La Kastanienallee 86 (**Ka86**), sin embargo, sigue en pie.

A orillas del Spree

La Kastanienallee, como el resto de Prenzlauer Berg, se vio muy pronto afectada por la subida de los alquileres y la *gentrifizierung* («gentrificación»), obligando a la escena *underground* a desplazarse a otros lugares como Kreuzberg, Friedrichshain, los alrededores de la Ostbahnhof y los descampados abandonados a orillas del Spree. Han surgido varios espacios alternativos, muy cerca de calles recién renovadas: un pueblo de tiendas y yurtas cerca de las ruinas de la antigua Eisfabrik (**Teepeeland**), chiringuitos improvisados y provisionales como el **Yaam** al final del Schillingbrücke (*pág. 131*). Pero la historia se repite: los promotores, ansiosos por aprovechar todos los espacios vacíos de la capital, quieren arrasar estas últimas parcelas de libertad para construir un complejo ultramoderno de oficinas y viviendas ultradiseñadas. Los vecinos se oponen activamente a este proyecto llamado «**Mediaspree**». Otros intentan salvar el modelo alternativo que constituye la fuerza y la identidad de Berlín buscando en otra parte un nuevo lugar de referencia.

Los piratas botánicos

En 2009 surgió otro fenómeno en estos mismos distritos: la **«guerrilla jardinera»** que consiste en plantar hortalizas y flores en cualquier sitio, a plena luz del día o por la noche, de forma más o menos legal. Terrenos baldíos, aceras, calzadas, aparcamientos, azoteas, semilleros en macetas, cubos o palés... la creatividad no tiene límites. La asociación Nomadisch Grün ha tomado el antiguo cementerio de la Hermannstraße para crear un gran huerto urbano móvil, siguiendo el modelo de los huertos comunitarios de Cuba: **Prinzessinnengarten** (*pág. 74*).
Con la ayuda de vecinos y voluntarios, los fundadores del antiguo Bar 25 convirtieron un solar a orillas del Spree en el **Mörchenpark** donde se cosecha lo que se siembra. En la esquina sureste del aeropuerto de Tempelhof (**Allmende-Kontor**), más de 700 vecinos desafían al asfalto. ¿Su lema? *Eine andere Welt ist pflanzbar* («otro mundo se puede plantar»). ¿Cuál es el objetivo? Reverdecer la ciudad y permitir a sus habitantes cubrir sus propias necesidades. Algunos también lo ven como una forma de dar la espalda al capitalismo.

La meca del techno

Los noctámbulos de toda Europa conocen las discotecas de Berlín, que desde los años 90 se ha convertido en uno de los principales destinos para los aficionados al techno. Entre los clubes más emblemáticos figuran Tresor (uno de los clubes de techno más famosos del mundo, *pág. 132*), KitKatClub (Brückenstraße 1, cerca de la estación de metro Heinrich-Heine-Straße) y Berghain (cerca de Ostbahnhof, dedicado al house y al techno, *pág. 131*). Una excelente programación y cierta libertad sexual han cimentado la reputación de las discotecas berlinesas.

Love Parade

Con más de un millón de *raves* en cada edición, este enorme desfile musical hizo famosa a Berlín en la escena techno internacional de 1989 a 2006. Celebrado en el Kurfürstendamm y después en la inmensa Straße des 17-Juni para hacer frente a la multitud cada vez más numerosa, el Love Parade reunió a cientos de miles de bailarines con los disfraces más alocados en torno a camiones transformados en gigantescos *sound-systems*.
A partir de 2007, otras ciudades alemanas acogieron el Love Parade. Pero tras la muerte de veintiuna personas en un ataque de pánico en Duisburgo en 2010, el Love Parade llegó a su fin. Fue sustituido por un evento similar, el B-Parade, que se celebró hasta 2012 a 115 km al sur de Berlín, en el Lausitzring.
En 2022, el concepto se relanzó bajo el nombre «Rave the Planet Parade» con una dimensión sostenible.

Gastronomía berlinesa

Berlín es una Torre de Babel gustativa: se puede comer coreano, italiano, indio... En Neukölln, la tendencia es oriental, mientras que en Prenzlauer Berg es más asiática. Pero no te pierdas las especialidades locales en restaurantes o *food truck*. ¡Están deliciosas!

Carne y embutidos

La carne forma parte de casi todas las comidas, en forma de las famosas **albóndigas**, una mezcla de pan rallado y carne con cebolla, que se come sobre la marcha con pepinillos dulces, típicos de la región. Pero el cerdo también puede cocinarse de muchas maneras: trozos de lomo con verduras variadas, *schweinekamm* al estilo berlinés, panceta de cerdo con zanahorias, codillo de cerdo en costra con lombarda o el famoso **eisbein**, un codillo de cerdo salado servido con chucrut y puré de guisantes. La morcilla se llama *frische wurst*, y se acompaña de salchichas de *foie* fresco *(leberwurst)* o carne de cerdo hervida y riñones, constituye la **berliner schlachtplatte**. Otra especialidad berlinesa es la **currywurst**, una salchicha con salsa de curry que se come en el *imbiss* (quioscos). La oca puede degustarse como casquería *(gänseklein grün)* o confitada *(gänsepökelkeule)*.

Pescado

Anguila *(aal grün)* y lucio *(hecht grün)*, servidos con ensalada de pepino, lucio asado con ensalada de tocino *(brathecht mit specksalat)*, carpa (pescada en los lagos de los alrededores de Peitz, a 130 km de Berlín), rutilo, perca a la cerveza, tenca con salsa de eneldo *(schleie in dillsoße)*, lucioperca del río Havel, cangrejos de río a la berlinesa, arenques fritos o en escabeche *(rollmöpse)* son solo algunas de las especialidades de la región.

Sopas

La sopa favorita de los berlineses es la **linsensuppe**, hecha con lentejas y rodajas de salchicha. La *bohnensuppe* combina distintas variedades de alubias. La *kartoffelsuppe* contiene patatas, nabo, puerro y apio.

Pan y bollería

Los panecillos, los famosos *schrippen* o *brötchen*, son un acompañamiento popular de las comidas y se pueden encontrar en todas las panaderías. La repostería incluye masa quebrada con terrones de azúcar, harina y mantequilla *(streuselkuchen)*, pasteles de frutas *(himbeerschnitte*, frambuesa, *erdbeerschnitte*, fresa), panecillos en forma de tronco *(baumkuchen)*, tartas amarillas de pan de molde *(sandtorte)*, pan de molde de Eberswalde *(spritzkuchen)* y, por supuesto, rosquillas *(pfannkuchen*). Y no te olvides del *bienenstich* (¡picota de abeja!), un delicioso pastel cortado en rebanadas con miel fundida y almendras laminadas.

A
Academia de Bellas Artes .90
Admiralbrücke .66
Agenda cultural 149
Akademie der Künste .90
Alexanderhaus .43
Alexanderplatz .43
Alltag in der DDR .52
Alte Bibliothek .24
Alte Nationalgalerie .31
Alter jüdischer Friedhof .40
Altes Museum .29
Antigua Biblioteca .24
Antigua Oficina Imperial de Correos .41
Acuario .87
Arquitectura contemporánea 159
Arsenal .25
Atrium Tower .78
Auto de fe 23, 157
Avión 140
Ayuntamiento 44

B
Badeschiff .71
BahnTower .75
Bancos 142
Band des Bundes .16
Barrio DaimlerChrysler .78
Barrio Hansa .88
Bauhaus 156, 161
Bauhaus-Archiv .85
Bellevue, castillo .88
Bergmannstraße .66
Berlinale 79, 149
Berliner Dom .34
Berliner Hauptbahnhof .3
Berliner Schloss .34
Berlinische Galerie .64
Berlin Marathon 150
Berlin Story Bunker .63
Berolinahaus .43
Biblioteca Nacional .23
Bicicleta 146, 148
Bicitaxi 147
Bienales 151
Bode-Museum .32
Boltanski, Christian .40
Boros (colección) .17
Botanischer Garten 101
Botschaft von Mexiko .84
Brandeburgo, Puerta de .19
Brandenburger Tor .19
Brecht, Bertolt 92, 164
Breitscheidplatz .92
Britische Botschaft .20
Bröhan-Museum 100
Die Brücke 102
Bundeskanzleramt .16

C
Cabaret 162
Casa del profesor .43
Casa de las culturas del mundo .90
Casa Knoblauch .48
Casa ausente .40
Casino .78
Catedral de San Hedwig .24
Centro Potsdamer Platz .75
Centro Anne-Frank .37
Centro de Documentación - Escape Expulsión Reconciliación .62
Cervecería Schultheiss .70
Cancillería Federal .16
Charlottenburg, castillo .96
Castillo de Berlín .34
Checkpoint Charlie .61
Christopher Street Day 150
Cementerio judío 40, 50
Cine expresionista 163
Cinta de la Federación .16
Clima 141
Columna de la Victoria .88
Contracultura 165
Correos 143
Cripta Hohenzollern .34
Cronología 154

Cuartel del Regimiento
de Guardias de corps 98

D

Dadaísmo.......................... 160
Dahlem 101
Das kleine Grosz Museum 83
DDR Museum.........................34
Días festivos 142
Diferencia horaria 142
Dinero 141
Delphi Filmpalast, cine............95
Denkmal für die ermordeten Juden
Europas............................20
Deutscher Dom......................60
Deutsches Historisches Museum......25
Deutsches Spionage Museum 79
Deutsches Technikmuseum Berlin 70
Deutschland Museum.................79
Brücke Die 160
Dietrich, Marlene 78, 92, 162, 164
Diplomatenviertel 84
Dix, Otto......................... 161
Döblin, Alfred 92, 164
Dokumentationszentrum Flucht
Vertreibung Versöhnung 62

E

East Side Gallery 56
Edificio Martin-Gropius 62
Ehemaliges Postfuhramt..............41
Electricidad 142
Embajadas......................... 142
Embajada de Austria.................86
Embajada de Francia 20
Embajada británica..................20
Embajada de la República de la India 86
Embajada de Rusia 22
Embajada de México................. 84
Embajadas nórdicas 84
Endell, August 36
Ephraim-Palacio.....................48
Ermelerhaus 49
Estación central 17
Estatua ecuestre de Federico II.......23
Ethnologisches Museum 35
Europa Center.......................91
Eventos 149
Eventos anuales 149
Expresionismo 160

F

Fasanenstraße 94
Fernsehturm 44
Festivales........................ 149
FHXB-Museum 65
Flughafen Tempelhof 72
Fundación Helmut Newton.............95
Fuente de la amistad entre los pueblos. 43
Fuente de los cuentos...............55
Fuente El reloj del tiempo que pasa...92
Foro Fridericianum 23
Fotografiska Berlín 42
Fraenkelufer 66
Frankfurter Tor.....................54
Französischer Dom 60
Federico Guillermo 154, 155
Federico II 154
Friedhof der Märzgefallenen 55
Friedrich, Caspar David 31
Friedrichshain, barrio...............54
Friedrichstadt-passagen..............60
Friedrichswerder Kirche 28
Furtwängler, Wilhelm.............. 164
Futurium............................18

G

Gastronomía 167
Gedenkstätte Berliner Mauer.........53
Gedenkstätte Deutscher Widerstand .86
Gehry, Frank 20
Gemäldegalerie 80
Gendarmenmarkt 58
Goldelse 88
Graefestraße........................66
Grandes lagos

Grosser Müggelsee 107
Wannsee............................. 107
Grimshaw, Nicholas..................94
Gropius, Walter 85
Große Hamburger Straße 37
Grosz, George.................83, 161
Grunewald 102
Guillerminismo 156

H

Hackesche Höfe 36
Hamburger Bahnhof..................18
Hansaviertel 88
Hauptbahnhof..........................17
Haus der Kulturen der Welt...........90
Haus des Lehrers 43
Haus Schwarzenberg 36
Heckmann Höfe 41
Helmholtzplatz.........................52
Hilmer, Heinz..........................75
Historia 154, 155
Hitler, Adolf 63, 157
Horarios 142
Humboldt Foro........................35
Husemannstraße 51

I-J

Iglesias y templos
Catedral de Berlín 34
Catedral de St Edwige 24
Iglesia alemana..........................60
Iglesia de Santa María.................. 44
Iglesia de la Santísima Virgen 44
Iglesia de Sión...........................52
Iglesia Memorial.........................92
Iglesia evangélica de Santo Tomás.........65
Iglesia francesa..........................60
Iglesia Friedrichswerdersche.............28
Iglesia San Bonifacio......................70
Iglesia Santa Sofía.......................42
Iglesia de San Nicolás................... 48
Isla del Pavo Real (Wannsee)....... 107
Isla de los Museos 29
Interhotel Stadt Berlin 43
Internet........................... 142
Jahn, Helmut...........................75
James Simon Galerie 29
Jardín Botánico 101
Jardín zoológico........................87
Juegos Olímpicos de verano 157
Jüdische Kulturtage 150
Jüdischer Friedhof.....................50
Jüdische Museum 64

K

KaDeWe (Kaufhaus des Westens) 91
Kaiser-Wilhelm-Gedächtniskirche 92
Kant-Dreieck 95
Karajan, Herbert von...................83
Karl-Marx-Allee 54
Kastanienallee 52
Käthe-Kollwitz Museum............ 100
Kinemathek Museum 77
Kleihues, Josef Paul 95
Knoblauchhaus.........................48
Kollhoff, Hans 78
Kollwitz, Käthe 25, 51, 100, 160
Kollwitzplatz 51
Komische Oper.........................22
Konrad-Adenauer-Haus...............84
Konzerthaus 58
Kranzler-Eck 94
Kreuzberg 65
Kreuzkölln 74
Kronprinzenpalais 28
Kulturbrauerei..........................51
Kulturforum............................80
Kunstbibliothek 82
Kunstgewerbemuseum 82
Kunstquartier Bethanien 65
Kupferstichkabinett 82
Kurfürstendamm 91, 92

L

Landwehrkanal.........................66
Lang, Fritz 163

Lenné, Peter Joseph 87
Libeskind, Daniel .64
Liebermann, Max .31
Liquidrom. 64
Literaturhaus. 94
Love Parade. 166
Lubitsch, Ernst 163
Ludwig-Erhard-Haus 94

M

Mercados 143
Mariannenplatz. .65
Marie-Elisabeth-Lüders-Haus 17
Märkisches Museum 49
Märkisches Ufer .49
Markthalle Neun. 127
Marlene Dietrich Platz. 78
Martin-Gropius-Bau 62
Mauermuseum 61
Maybachufer 66
Monumento a los judíos
asesinados en Europa. 20
Memorial de la Resistencia al
nacionalsocialismo. 86
Monumento al Holocausto 20
Monumento al Muro de Berlín 53
Memorial soviético. 57
Mendelssohn, Moses. 40
Mies van der Rohe, Ludwig. 83
Mietskasernen. 54, 156
Monbijoupark 40
Monumento Nacional de
las Guerras de Liberación 66
Muelle de la marcha. 49
Muro de Berlín. 56, 61, 158
Murnau, Friedrich Wilhelm 163
Museos
- Alemania 79
- Antiguo Museo .29
- Antigua Galería Nacional. 31
- Arte asiático 35
- Arte contemporáneo 18
- Arte decorativo .82
- Bauhaus 85
- Berggruen 100
- Bunker Story Berlin. 63
- Biblioteca de Arte 82
- Bode. 32
- Boros 17
- Bröhan. 100
- Brücke 102
- Gabinete de Grabados 82
- Checkpoint Charlie 61
- Cine 77
- Culturas europeas 101
- Die Brücke 102
- Etnología 35
- Friedrichshain-Kreuzberg. 65
- Futurium. 18
- Galería de Berlín. 64
- Galería de Pinturas 80
- Grosz 83
- Fundación Helmut Newton. 95
- Historia alemana 25
- Historia natural. 18
- Hugonotes 60
- Humboldt Forum 35
- Judíos 64
- Marcha de Brandeburgo 49
- Martin-Gropius .62
- Nuevo Museo. 30
- Nueva Galería Nacional 83
- Pankow 51
- Pérgamo 32
- Fotografía 95
- Correos y Telecomunicaciones 62
- RDA 34
- Samurai. 42
- Spymuseum. 79
- Stasi 56
- de Técnicas 70

Museum Berggruen. 100
Museum für Asiatische Kunst. 35
Museum für Fotografie. 95
Museum für Kommunikation 62
Museum für Naturkunde 18
Museum Haus am
Checkpoint Charlie. 61

Museum Pankow. .51
Museumsinsel. 29

N

National Denkmal
für die Befreiungskriege. 66
Neue Nationalgalerie 83
Neue Sachlichkeit 161
Neues Kranzler-Eck. 94
Neues Museum 30
Neue Synagoge .41
Neue Wache 25
Neukölln 72
Neutempelhof, ciudad jardín 73
Newton, Helmut. 95
Nikolaikirche 48
Nikolaiviertel. 48
Nordische Botschaften. 84
Nueva Casa de la Guardia 25
Nouvel, Jean 60
Nueva Casa de la Moneda 49
Nueva Sinagoga .41
Noche de los cristales rotos 157
Números de emergencia 143

O-P

Oberbaumbrücke. 57
Oberbaumcity. 57
Offiziers-Kasernen der
«Gardes ducorps» 98
Okupas 165
Ópera cómica 22
Ópera Nacional Unter den Linden. 24
Opernpalais 28
Oranienstraße. 65
Österreichische Botschaft. 86
Palacio de las princesas 28
Palacio del príncipe heredero 28
Palacio de Ephraim 48
Palacio de Schwerin 49
Palast der Republik 35
Parque de Friedrichshain. 55
Pariser Platz. 19
París, plaza de. 19
Park am Gleisdreieck 71
Patios de Riehmer 70
Pases turísticos. 143
Paul-Löbe-Haus .17
Pergamonmuseum 32
Pfaueninsel (Wannsee) 107
Philarmonie 83
Piano, Renzo 78
Plaza Gendarmenmarkt. 58
Plaza del puente aéreo. 73
Planufer 66
Plaza de Luftbrücke 73
Puente Oberbaum 57
Puente del castillo 28
Potsdam
Alter Markt. 104
Bildergalerie y Neue Kammern 106
Filmmuseum Potsdam 103
Holländisches Viertel 104
Neues Markt 103
Neues Palais 106
Orangerie Schloss 106
Schloss Sans Souci 104
Potsdam, conferencia. 154
Potsdamer Platz. 75
Propinas 143
Prenzlauer Berg, barrio 50, 52
Prensa 143
Prinzessinnengarten 74
Prinzessinnenpalais. 28

Q-R

Quartier 205 y 206. 60
Quartier 207 60
Barrio de artes de Betania. 65
Reichstag 14
Reichstag, incendio. 16
Reinhardt, Max 163
Reloj mundial Urania. 43
Restauración. 144
Riehmers Hofgarten 70
Rixdorf 74

Rogers, Sir Richard 78
Rotes Rathaus. 44

S

Sammlung Boros .17
Samurai Museum Berlin 42
Sattler, Christoph. 75
Savignyplatz 95
Schlossplatz 34
S-Bahn 145
S-Bahn-Bögen 95
Schabowski, Günther 158
Scharoun, Hans. 82, 83, 156
Scheunenviertel .36
Schinkel, Karl Friedrich 25, 28, 29, 58, 70, 155, 164
Schinkelmuseum .28
Schlange. 90
Schloss Bellevue. 88
Schlossbrücke. 28
Schloss Charlottenburg 96
Schloss Köpenick. 107
Schlossplatz 34
Schlüter, Andreas. 26
Sello, Justus Ehrenreich. 87
Shell-Haus 86
Siedlung Neutempelhof. 73
Sede nacional de la CDU 84
Siegessäule 88
SO 36. 66
Sophienkirche. 42
Sophienstraße. 42
Spielbank 78
Spymuseum. 79
Staatsbibliothek. 23
Staatsoper Unter den Linden 24
Stage Theatre 78
Stasi Museum 56
Stolpersteine. 42
Stüler, Friedrich August 30
SW 61 66
Sinagoga Rykestraße 50

T

Tabaco. 144
Tacheles 165
Tag der deutschen Einheit. 150
Tauentzienstraße 91
Taxi. 144
Techno. 166
Teléfono 144
Tempelhof, antiguo aeropuerto 72
Tempodrom. 64
Theater des Westens 95
Théâtre de l'Ouest. 95
THF Tower 360° .73
Tiergarten 87
Topografía del Terror 62
Torre de Televisión. 44
Torre del agua. 50
Torres Rogers 78
Trámites de entrada 140
Tren 140
Tränenpalast 22
Transporte público 145

U-V

U-Bahn (metro) 145
Ungers, Oswald Mathias 60
Unter den Linden 22
Urbanismo 155
Versunkene Bibliothek 24
Viktoriapark. 66
Visitas guiadas 147
Volkspark Friedrichshain. 55

W-Z

Wansee Conferencia de. 157
Wasserturm. 50
Wegener, Paul. 163
WelcomeCard. 146
Zionskirche 52
Zoo-aquarium. 87
Zoologischer Garten. 87

Colección editada por Philippe Orain

Editora y redactora jefe de la guía : Catherine Guégan

Secretario de redacción	Agnès Le Béon
Editores	Jean-Charles Pharamond, Annabelle Georgen, Aurélia Bollé, Cécile Bouché-Gail, Clarisse Bouillet, Tiphaine Cariou, Laurent Gontier, Guylaine Idoux, Régis Présent-Griot
Colaboradores de esta guía	Ţucă Dănuţ-Marian, Theodor Cepraga, Leonard Marius Pandrea (Plan de Transporte) y Gabriel-Valentin Dragu (**Cartografía**), Véronique Aissani, Carole Diascorn (**Cubierta**), Marion Capéra, Marie Simonet (**Iconografía**), Bogdan Gheorghiu, Cristian Catona, Gabriel Dragu, Hervé Dubois, Pascal Grougon (**Preimpresión**), Dominique Auclair (**Dirección**),
	Mapas: © MICHELIN 2024
Agradecimientos	Bénédicte Richer - Oficina Nacional Alemana de Turismo; Alexandra Pashuk-Trumpf - Visit Berlin
Diseño gráfico	Laurent Muller (diseño interior) Véronique Aissani (portada)

Créditos fotográficos pág. 4-5
(de izquierda a derecha y de arriba abajo)

Nellmac/Getty Images Más
bbsferrari/Getty Images Plus/Foster + Partners
RussieseO/Getty Images Más
hanohiki/Getty Images Más
khomyakov/Getty Images Más
Artepics/age fotostock
Panama7/Getty Images Plus
Noppasin/Getty Images Más
gaiamoments/Getty Images Plus/Daniel Libeskind
frankpeters/Getty Images Más

Titulo original: *Berlin*

Para la edición española:

WS whitestar™ es una marca
propiedad de White Star s.r.l.

Plaza Luigi Cadorna, 6
www.whitestar.it

Traducción: Ormobook

ISBN 978-88-540-5787-6
1 2 3 4 5 6 29 28 27 26 25

Iimpreso en Eslovenia